Ralph Skuban

Die Unsterblichkeit der Seele

vianova
Verlag Via Nova

RALPH SKUBAN

Die Unsterblichkeit der Seele

Intuition, Willenskraft und Weisheit – Die Essenz der Yogaphilosophie

vianova
Verlag Via Nova

1. Auflage 2022
Verlag Via Nova, Alte Landstr. 12, 36100 Petersberg
Telefon: (06 61) 6 29 73
Fax: (06 61) 96 79 560
E-Mail: info@verlag-vianova.de
Internet: www.verlag-vianova.de
Lektorat: Josef K. Pöllath M.A., Dachau
Umschlaggestaltung: Guter Punkt, München
Copyright der Illustrationen: shutterstock.com
Satz: Sebastian Carl, Amerang
Druck und Verarbeitung: Appel und Klinger, 96277 Schneckenlohe

ISBN 978-3-86616-516-8

Alles kommt aus mir.
Alles ist in mir.
Und alles kehrt zu mir zurück.
Ich bin Eins, ohne ein Zweites.

Kaivalya-Upanishad, indische Weisheitsschrift, 400 v. Chr.

Inhalt

Vorwort

> Zu leiden ist nicht gut für die Seele,
> solange es dir nicht zeigt,
> wie du es beenden kannst.
> Denn das ist sein eigentlicher Zweck.
>
> Jane Roberts, Seth Speaks: The Eternal Validity of the Soul

Unser Leben und Sterben sind immer konkret. Wir können darüber nachdenken und philosophieren, doch selbst die wunderbarste, klügste und überzeugendste Philosophie bleibt letztlich eine Idee, ein mentales Konstrukt. Niemals kann sie unser Leben und Sterben begreifbar machen. Greifbar ist allein das, was wir erfahren, an uns selbst oder in der persönlichen Begegnung mit anderen.

Was den letzten Punkt anlangt, da hat mir mein früherer Beruf reichlich Gelegenheit gegeben, hinzuschauen. 25 Jahre lang erlebte ich als Leiter einer Einrichtung für Demenzkranke überaus konkret das Zerfallen des menschlichen Körpers und Geistes, ein Zerfallen, das am Ende mit einer letzten Ausatmung zu jenem Zustand führt, den wir *Tod* nennen, ein Zustand, den wir um fast jeden Preis zu vermeiden suchen, weil wir ihn als *summum malum* verstehen, das Schlimmste überhaupt. Ironischerweise können wir ihm nicht entgehen, was immer wir auch tun mögen. Im Grunde ist er sogar das einzige im Leben, von dem wir sagen können, dass es mit *absoluter Gewissheit* eintreten wird. So mühen wir uns also, das physische Leben bis an die äußersten Grenzen des Möglichen auszudehnen und nehmen dabei oft viel Leid in Kauf, ohne Aussicht freilich, dem Körper seine Jugend zurückzugeben oder ihn gar unsterblich zu machen.

In unserer so intensiven Identifikation mit dem körperlichen Aspekt der Existenz fehlt uns, was uns doch seit uralten Zeiten die spirituellen Traditionen der Menschheit immer wieder lehrten, jener Punkt, an dem sie sich, alle Unterschiede überbrückend, treffen: dass wir trotz der Vergänglichkeit des Körpers im Kern unsterblich sind. Und dass in der Erkenntnis dessen die Befreiung vom Leiden liegt.

»Im Kern«, das ist nur eine andere begriffliche Wendung für das, was wir auch *Seele* nennen können, freilich ohne einen klaren Begriff – im Sinne von *begreifen* – davon zu haben. Die meisten gehen mehr oder weniger selbstverständlich davon aus, dass es gar nicht möglich sei, die in den spirituellen Schriften der Menschheit versprochene Unsterblichkeit der Seele schon hier und jetzt zu erfahren, noch während wir im physischen Körper leben. Die Unsterblichkeit bleibt damit bestenfalls ein Versprechen, wie es scheint, eines, an das wir glauben mögen oder auch nicht, auf das wir vertrauen oder doch zumindest hoffen können. Oder eben nicht.

Glauben, vertrauen, hoffen: Das sind wunderbare Dinge, allein zum *Wissen* führen sie nicht. Mir war das immer zu wenig. Ich bin Wissenschaftler, noch dazu einer, der viele sterben sah. Und ich fragte mich in der Begegnung mit der Agonie des Menschen immer wieder: Was ist mit dem letzten Atemzug nun endgültig gegangen, wo es doch nur eine Sekunde zuvor noch zugegen war? Was belebte bis gerade eben noch den jetzt leblos daliegenden Körper? Woher kam, was uns das Leben schenkte, und wohin wird es gehen, wenn wir das Leben einmal aushauchen … vielleicht ja schon morgen …

Zwar bin ich – wie gesagt – Wissenschaftler, doch natürlich ist auch klar, dass es keine Antworten in einem methodisch-wissenschaftlichen Sinn auf diese Fragen geben kann. Möchten wir wissen, ob etwas dran ist an der Idee einer Weiterexistenz unseres Bewusstseins nach dem Tod, werden wir nicht fündig in wissenschaftlichen Darlegungen. Physik, Chemie, Biologie, Medizin oder andere akademische Disziplinen zu studieren kann uns keine Antworten auf die fundamentalen Fragen des Lebens geben. Zu Antworten kommen wir hier nur auf einem einzigen Weg, nämlich der *persönlichen Erfahrung*. Solche menschlichen Erfahrungen sind es, die zum Nährboden spiritueller Weisheit überall auf der Welt wurden. Ganz besonders gilt das im Blick auf die Philosophie und Praxis des Yoga, mit der sich dieses Buch beschäftigt.

Das Denken im Yoga setzt am Beginn des Kosmos an und untersucht vor dem Hintergrund unseres »Geworfenseins« in diese Welt, ob unser Leben einen Sinn hat und ein Ziel. Die Yogaphilosophie ist, sowohl was die Analyse unserer Existenz anbelangt als auch ihr Ziel, ziemlich radikal, wie wir aus unterschiedlichen Blickwinkeln, die dieses Buch beleuchtet, sehen werden. Entscheidend ist, dass wir aus der Perspektive des Yoga uns *selbst* auf den Weg des Suchens und Forschens begeben müssen, *selbst* die Fragen stellen und *selbst* die Antworten finden müssen. Es ist wie mit dem Atmen: Niemand kann es für uns tun. Niemand kann für uns leben. Doch ein großes Versprechen hält die Weisheit des Yoga bereit: Wir können die Antworten auf die großen Fragen des Lebens finden. Auch auf die Frage nach der Unsterblichkeit der Seele.

1
Am Anfang aller Dinge

Das Tao liegt verborgen.
Dennoch strahlt es in jeden Winkel des Alls.

Tao Te King, Weisheitsschrift aus China, 500 v. Chr.

Über das Sein, noch bevor etwas wurde

Stellen wir uns den unvorstellbaren Zustand am Anfang des Seins vor, noch vor der Erschaffung des Kosmos. Die alten Weisen des Ostens beschreiben es ganz ähnlich wie die moderne Physik: Da gibt es nicht Zeit oder Raum, also vorher, nachher, hier oder dort; nicht Ursache noch Wirkung oder gar Materie; nicht einmal Licht und Dunkelheit. Ein Etwas, das kein Etwas ist und ebenso wenig ein Nichts. Dieses unbegreifliche *Alles-was-Ist* ist zu einem einzigen Punkt verdichtet, in absoluter Einheit und Stille. Und eine Spannung liegt darin – wie die Ruhe vor dem Sturm.

Dann, niemand weiß warum, geschieht es: Ein erster Impuls regt sich, ein *Begehren* steigt auf. So steht es zu lesen im Schöpfungsmythos der Veden, der ältesten Schriftsammlung Indiens.[1] Begehren ist eine Äußerung von Bewusstsein, und es manifestiert sich als Energie in Form von Licht und Hitze. Wo Energie fließt, da wird es heiß und hell. Und so tritt das Weltall ins Sein.

Das Sanskritwort für dieses Begehren und seine Hitze lautet *Tapas*. Das Wort bedeutet zugleich auch Anstrengung und Schmerz. So deutet sich schon in dieser uranfänglichen Energie oder Willensäußerung das Leid als eine Erfahrungsmöglichkeit an. Es ist gewissermaßen in die Blaupause der Schöpfung eingewoben. Der Impuls des Bewusstseins, der die Schöpfung anstößt, kommt, so sagen die Veden, von *Brahman*. Das heißt wörtlich so viel wie das Höchste oder Größte. Ich nenne es am liebsten das *Absolute*, ohne damit eine konkrete Gottesvorstellung zu verbinden.[2] Brahman ist ein unbegreifliches Abstraktum ohne Form, Eigenschaften oder Grenzen. Wo wir ihm diese zuschreiben möchten, reduzieren wir das Absolute auf eine Vorstellung, die unser Geist zu fassen in der Lage ist, entfernen uns aber von der Wirklichkeit des Absoluten.

Dieses Höchste oder Absolute nun sagt:

> Ekoham bahushyam. Ich bin eines. Lass mich vieles werden!

Und so rollt die Schöpfung aus … Es ist also ein *Akt des Willens*, der den ersten schöpferischen Impuls setzt. Das erinnert uns an die Schöpfungsgeschichte unserer eigenen Kultur. In der Bibel ist es Gottes Geist, der über dem Wasser schwebt. Auch er begehrt oder will. Und sein Wille äußert sich als *Spandan*, als Schwingung, Vibration, Energie. Ein Klang, ein Wort, ein Gedanke, Licht …

»Es werde!«
sagt Gott.
Und es wurde.

Was ist Leben?

Wie oben, so unten, lautet ein grundlegendes Prinzip des Seins. Wir sind ein Spiegel des Universums. Das kosmische Zusammenspiel von Brahman und Tapas, dem Bewusstsein und seiner Kraft, findet sich auch in unserem persönlichen Leben. Jeden Tag aufs Neue versuchen wir, es unseren Wünschen und Bedürfnissen entsprechend zu gestalten, unserem Begehren also eine Form zu geben. Wünsche und Gedanken werden zu Handlungen. Die Philosophie des Yoga formuliert diesen Zusammenhang unmissverständlich klar: Wenn unser Geist, *Chitta*, sich regt, dann regt sich auch *Prana*, die Lebensenergie.[3]

Chitta, ein Wort, das wir mit *Geist übersetzen, ohne es damit auch nur annährend zu fassen*, kommt von *chit* und bedeutet *wahrnehmen*, *bemerken* oder *erfahren*. Es meint die Totalität der Vorgänge, die sich in unserem Bewusstsein vollziehen. Chitta ist alles, was wir jemals wahrgenommen, bemerkt oder erfahren haben, die Gesamtheit dessen, was unserem individuellen Geist seine unverwechselbare Struktur gibt, seien es nun seine bewussten oder nicht-bewussten Aspekte. Im Kapitel *Geist* (→ Seite 34ff.) werden wir uns damit noch ausführlich beschäftigen, ist doch das Geistkonzept des Yoga der Schlüssel zum Verständnis der gesamten Yogaphilosophie überhaupt.

Prana ist Energie, jede Form von Kraft, wie groß oder klein auch immer. Aus unserer individuell-menschlichen Perspektive meint es jene Kraft, der wir unser biologisches Leben verdanken, und ihr deutlichster Ausdruck ist die Tatsache, dass wir atmen. So können wir Prana auch einfach als *Atem* übersetzen.

> Der Atem ist die Kraft des Lebens,
> die aus dem Bewusstsein selbst erwächst.

Chitta und Prana, Bewusstsein und die Energie, die von diesem ausgeht, machen ein Lebewesen aus uns. Damit nun haben wir wohl die kürzeste Definition von Leben, die jemals formuliert wurde!

> Leben ist die Verbindung von Bewusstsein
> und Energie oder Atem, Chitta und Prana.

So wie die Energie des kosmischen »Ich will!« die Schöpfung hervorbringt, lenkt unser persönliches Wollen unser Leben. Dabei drückt es unserem Geist seinen Stempel in Form persönlicher Wesenszüge oder Charaktereigenschaften auf. Entlang dieser Persönlichkeitszüge nun nimmt unser Leben dann Gestalt an. Wie der Wille des Bewusstseins auf kosmischer Ebene die Energie erzeugt, aus der sich das All aufbaut, so gibt unser individueller Wille unserem Leben seine Richtung: *Wie oben, so unten.*

> Das Absolute erschafft den Kosmos.
> Wir erschaffen unser Leben.

Das Bewusstsein und die Kraft, die ihm entspringt, sind so untrennbar, wie das Feuer und seine Hitze. Feuer und Hitze, Geist und Wille, Bewusstsein und Energie: Sie sind die zwei Seiten der Ganzheit. Ihr Zusammenspiel erschafft *Lila,* das kosmische Drama oder Spiel, in dessen Glitzer unsere Sinne sich verlieben … sich verlieren …

Bewusstsein und Energie: Darin drücken sich auf noch grundlegenderer Ebene die zwei Prinzipien von *Sein* und *Werden* aus: Das Sein als Urgrund, als ewige Konstanz, als Stille und Bewegungslosigkeit. Und das Werden als Schöpfung und Dynamik, als das Prinzip der Bewegung. Ruhe und Bewegung also sind die zwei Pole einer nicht-dualen Einheit. Erklingt nicht alle Musik aus der Stille? Und kommt nicht jede Bewegung aus der Ruhe? Aus diesem Blickwinkel wird auch ein Spruch Jesu über das Wesen des Menschen verständlich, der ansonsten ganz rätselhaft bleiben müsste. Im *Thomas-Evangelium* sagt er zu seinen Schülern:

> »Wenn man euch fragt: ›Was ist der der Beweis,
> dass der Vater in euch ist?‹, dann sagt Ihnen:
> ›Es ist Bewegung und Ruhe.‹«

Jesus hätte auch sagen können: Die Prinzipien von Sein und Werden oder Bewusstsein und Energie wohnen genauso in uns, wie sie im Kosmos wirken. Deshalb muss kosmisches Bewusstsein – Jesus nennt es in seiner aramäischen Muttersprache *ABWUN* – auch in uns wirken. Radikaler noch: Das Höchste drückt sich durch uns aus, und insofern sind wir eins mit ihm. *Aham Brahmasmi* – »Ich bin Gott« – heißt es deshalb in den Upanishaden.[4] Es ist dies ein rein logisch hergeleiteter Satz, für den man mancherorts noch heute mit der Steinigung bestraft würde.

Vor dem Hintergrund des Gesagten scheint nur folgerichtig, was die Mystiker uns sagen, dass wir nämlich zum letzten Urgrund *in uns selbst* durchdringen, ihn erfahren können. Man muss nur suchen und anklopfen, sagt Jesus. Und Menschen ist dies auch immer wieder gelungen. »Das Lametta habe ich weggefegt!«, ruft der indische Mystiker Kabir (1440-1518) in einem seiner Lieder. Seine Sinne ließen sich nicht länger täuschen vom kosmischen Spiel. Er hat das reine Bewusstsein erkannt, das er ist. Kabir sprach in seinen Texten unablässig von *Nam,* dem Namen, und von *Shabd,* dem Klang, der zugleich Licht ist. Und er tauchte ein in sein eigenes Inneres, in die innere Energie-Erfahrung von Licht und Klang und Glück. Sie sollte ihn in die höchsten Regionen führen, dorthin, wo das Licht ausfließt:

> Im Ozean der Schöpfung, der die Liebe des Lichtes ist,
> fühlen sich Tag und Nacht an wie eins.
> Freude für immer, kein Leid – kein Kampf!
> Dort habe ich Freude erlebt, bis zum Rand gefüllt,
> Vollkommenheit der Freude;
> dort ist kein Platz für den Irrtum.[5]

Nach all dem wird klar, wie radikal die Idee des Zusammenhangs von Bewusstsein und Energie tatsächlich ist: Wenn gilt, dass die makrokosmischen Prinzipien sich in den mikrokosmischen spiegeln, dann existiert nichts, das nicht leben würde, nichts, das nicht aus dem Bewussten käme, und nichts, dem dieses Bewusstsein nicht selbst innewohnen würde – welche Qualität oder Struktur es in seinem jeweiligen Ausdruck auch aufweisen mag. In jeder Körperzelle und in jedem Atom wirkt Energie. Und sie muss Ausdruck von irgendeiner Art Intelligenz sein, die dafür sorgt, dass die Zellen und Atome *wissen*, was sie zu tun haben.

> Alles lebt.

Die alten Yogis waren sich dieser intelligenten Kräfte sehr bewusst. Sie wussten um die Wirkungen, die sich erzielen lassen, wenn man mit diesen Kräften arbeitet, dass es also höchst lohnenswert ist, »Energiearbeit« zu praktizieren, deren körperlichster Ausdruck das bewusste Atmen ist. Atempraxis macht uns lebendiger, gesünder und leistungsfähiger, klarer und fokussierter, ruhiger und zufriedener. Es steigert unser Wohlbefinden und erweitert unsere Möglichkeiten innerer Erfahrungen. Mit anderen Worten: Sie lässt uns wachsen und zu uns selbst zu kommen.

Praxis: Bhramari, das Bienensummen

Die folgende Übung ist zentrierend, entspannend und heilsam: Sie heißt *Bhramari*, das Bienensummen, und ist eine der klassischen Übungen des *Pranayama*, also der Atem-Energie-Arbeit des Yoga. Es ist so einfach: Atmen, summen und nach innen hören …

- Setzen Sie sich bequem auf einen Stuhl oder ein Meditationskissen. Achten Sie darauf, dass der Oberkörper natürlich aufrecht ist, damit Lunge und Zwerchfell sich frei bewegen können. Schließen Sie die Augen und kommen Sie einen Moment zur Ruhe.
- Nehmen Sie nun einen befriedigenden Atemzug – nicht zu viel, nicht zu wenig – und halten Sie den Atem nach der Einatmung einen Moment lang an. Bleiben Sie in der Atempause, solange Sie sich wohl damit fühlen.
- Dann atmen Sie langsam mit einem Summton aus.
- Spüren Sie einen Moment lang nach.
- Das ist eine Runde. Machen Sie auf diese Weise drei, fünf oder auch mehr Runden.

Bleiben Sie nach dem letzten summenden Ausatmen noch etwas sitzen und spüren Sie der Wirkung dieser Übung nach. Für ein noch intensiveres Erlebnis verschließen Sie bei der Ausatmung mit den Zeigefingern Ihre Ohren. Und experimentieren Sie auch etwas mit der Tonhöhe: Wo fühlen Sie beim summenden Ausatmen die angenehmste Vibration im Körper?

Die Schöpfung, im Großen wie im Kleinen, so sagten wir, ist ein Ausdruck des Zusammenspiels von Bewusstsein und Energie. In ihr werden Freud und Leid erfahren, immer wieder und über Äonen hinweg. Der Yoga alter Zeit nun verstand sich als ein Weg, ganz zurück zum Ursprung zu kehren, zum reinen Bewusstsein selbst – wenn man so will: Zum Zustand jener Absolutheit, der schon existierte, bevor die Welt ins Sein trat und noch sein wird, nachdem das All einst an sein Ende gekommen sein wird. Es ist ein Akt der endgültigen Befreiung aus allen kosmischen Dramen. Wir könnten es auch *Rückkehr* nennen. Oder *Wieder-Erinnerung.* Ich mag besonders die Idee der *Heimkehr.* Oder, wie Patanjali, der Autor des *Yogasutra* es nennt: *Befreiung.*

Praxis: Ausatmen, heimkommen

Im Folgenden eine einfache und meditative Atempraxis, die die Idee des Heimkommens aufgreift.

- Setzen Sie sich bequem hin und kommen Sie zur Ruhe.
- Nehmen Sie Ihren Atem wahr.
- Lassen Sie sich in jede Ausatmung absinken. Jedes Ausatmen ist wie ein Heimkommen. Vielleicht möchten Sie sich innerlich sagen: »Heimkommen« oder »nach Hause gehen«. Ausruhen. Bleiben Sie einen Moment. Genießen Sie diese Rast.
- Dann lassen Sie die Einatmung von selbst zurückkommen. Eine neue Reise beginnt.
- Jedes Ausatmen eine Heimkehr, jede Einatmung eine Reise.

2
Über die Befreiung

Ich bin ungebunden, ich bin ungebunden,
für immer und ewig ungebunden.
Ich bin Sein – Bewusstsein – Glückseligkeit.
Ich bin der »Ich bin«, ewig unvergänglich.

Sri Shankaracharya, indischer Weiser, 8. Jahrhundert.

Patanjalis Yogasutra

Der Weg, den das *Yogasutra* beschreibt, wird auch *Raja Yoga* genannt, der Königsweg des Yoga. Über Patanjali, seinen Autor, ist so gut wie nichts bekannt, nicht einmal, wann genau er gelebt hat. Seine Spuren verschwimmen im Dunkel der Legenden. Auf Bildern wird er entweder als einfacher Yogi in Meditationshaltung oder aber als ein gottähnliches Wesen dargestellt, halb Schlange, halb Mensch. In der indischen Mythologie ist die Schlange ein Symbol für die Unsterblichkeit, ein Wesen, dass sich immer wieder häutet und erneuert, immer wieder neu geboren wird. Da das *Yogasutra* ganz auf die Erkenntnis der Unsterblichkeit abzielt, ist diese Darstellung eine treffende Metapher für die Botschaft des Autors.

Patanjali dürfte wohl irgendwann zwischen 400 vor und 400 nach Christus gelebt haben. Mit Sicherheit jedoch nicht vor dem sechsten vorchristlichen Jahrhundert. Zumindest das lässt sich mit einiger Sicherheit sagen, denn in seinem Werk findet sich viel *Sankhya*, das philosophische Fundament des Yoga, das etwa 600 Jahre vor Christus von Kapila formuliert worden war, einem Weisen, der noch vor Buddha lebte (der übrigens selbst stark vom Sankhya beeinflusst war). Für uns kommt es jedoch nicht auf die biografischen Daten Patanjalis an, sondern auf seine Botschaft. Und diese ist so überzeugend, dass sein Buch zum bedeutendsten Text des Yoga überhaupt werden sollte. In weniger als 200 hochverdichteten und oft auch sehr verschlüsselten Versen beschreibt Patanjali einen Weg der Selbstentwicklung auf allen Ebenen des menschlichen Seins. Sein Ziel ist *Kaivalya,* »losgelöst sein.« Der Begriff deutet auf das ultimative Ziel des Lebens aus spiritueller Perspektive hin, auf den »großen Fisch«, wie Jesus es im *Thomas-Evangelium* nennt. Mit der *Bhagavad Gita,* Indiens wohl meist verehrter Schrift, könnten wir es auch *Moksha* nennen, das heißt *Befreiung.*

Den Schmerz der Existenz überwinden

Patanjali ist radikal in der Betrachtung des Lebens, zuweilen geradezu verstörend. Seine Analyse des Menschseins mutet nur wenig anheimelnd an, denn jede Erfahrung, so sagt er im zweiten Kapitel seiner Schrift, trägt den Keim des Schmerzes in sich.[6] Entweder, weil Erfahrungen an sich schmerzhaft sind – Krankheit, Verlust, Frustrationen, Enttäuschungen und so weiter – oder, im Falle der angenehmen Erfahrungen, weil nichts so bleibt, wie es ist und deshalb auch das wunderbarste Erlebnis, die größte Liebe und das schönste Leben irgendwann ihr Ende finden müssen. Wenn nicht schon im Leben, dann zwingend doch an seinem Ende, dem physischen Tod. Meine Kurzformel für diese ehrliche und schonungslose Analyse lautet: *Alles tut weh.*

Ich habe viele Menschen am Ende ihres Lebens gesehen und kann nicht umhin zu konstatieren, dass Patanjali, fundamental betrachtet, schlicht recht hat. Man kann es drehen und wenden, wie man möchte, doch selbst das erfüllteste Leben führt in den Schmerz – und sei es allein der Schmerz des Aufgebens.

Nicht nur im Yoga war die prinzipielle Leidhaftigkeit des Seins immer schon der Ausgangspunkt der spirituellen Suche. Warum sonst sollte man sich auf den Weg machen, den Sinn des Seins zu ergründen und Erkenntnis zu erlangen? Gautama Siddharta machte sich auf den Weg, um Antworten aus dem Leid zu finden, bevor er zum Buddha wurde. Auch die Passion Christi ist – unabhängig von der Frage historischer Wirklichkeit – eine Allegorie auf den Schmerz und dessen Überwindung. Viele weitere Beispiele ließen sich finden. Wenn Patanjali sagt, dass letztlich jede Erfahrung in den Schmerz führt, will er nicht defätistisch sein, sich gar am Leid ergötzen oder sich bemitleiden, um weinend darin zu ertrinken. Vielmehr erwächst aus diesem ehrlichen Hinschauen auf die Welt der Wunsch und auch die Kraft, den Schmerz zu überwinden, und zwar endgültig.

Letztlich ist Patanjali zutiefst ein Realist: Zu leben ist unvermeidlich mit Schwierigkeiten verbunden, und niemand kann dem körperlichen Tod entrinnen. Erstaunlich ist nur, dass die meisten Menschen das nicht wahrhaben wollen, obschon der Tod auf unseren Fernsehbildschirmen geradezu zelebriert und voyeuristisch genossen wird.

Ich mag in diesem Zusammenhang besonders eine Episode aus dem indischen Epos *Mahabharata,* in welcher der Krieger Yudishtira einem Kranich begegnet, der als Symbol für die Weisheit auftritt. Der Kranich gibt Yudishtira mehrere Rätsel zu lösen auf. Würde er die richtigen Antworten finden, verspricht der Kranich, könnten seine tot vor ihm liegenden Brüder und Mitstreiter in zahlreichen gefährlichen Abenteuern wieder zum Leben erwachen. Der Kranich stellt dem Krieger also mehrere Fragen.

Die wichtigste kommt zuletzt: »*Was ist das Wundersamste von allen Dingen in der Welt?*«

Yudishtira antwortet: »*Dass kein Mensch denkt, er könne sterben, obgleich er doch alle Menschen um sich herum sterben sieht.*«

Der Kranich war zufrieden mit Yudishtiras Antwort, und alle seine Brüder erwachten zum Leben. Was für ein Bild es doch ist: Die Weisheit, dass alles (physische) Leben auf dieser Erde sterblich ist, führt ins wirkliche, erlöste Leben. Die Gegenwärtigkeit des Todes jederzeit vor Augen zu haben entspricht auch zutiefst der sokratischen Idee des wahren Strebens nach Weisheit: »Philosophieren«, so sagte Sokrates, »heißt sterben lernen.« Der größte unter den Weisen des alten Griechenlands hätte sich blendend mit Patanjali verstanden!

Eine neue Perspektive

Wenn wir nun sterben müssen und dieser Prozess unweigerlich mit Schmerz verbunden sein wird – Alter, Krankheit und Tod, da sollten wir uns keiner Naivität hingeben, stellen die größten Herausforderungen des Lebens dar –, was will uns die Idee der Befreiung dann sagen? *Befreiung wovon?*

Vom bevorstehenden physischen Tod kann (und will) Patanjalis Botschaft uns selbstredend nicht befreien. Auch nicht von den schwierigen Erfahrungen, die in diesem Leben aufgrund des angesammelten Karmas noch anstehen. Stattdessen zeigt er uns philosophische Perspektiven, ethische Grundlagen und eine Praxis der Selbsterforschung auf, die uns anders zum Leben und seinen Herausforderungen in Beziehung setzen. Das *Yogasutra* lehrt uns, die Dinge anders zu betrachten und damit neu zu erleben.

Yoga ist nicht *Khamaduk*, die wunscherfüllende Kuh, auch wenn manch populäre Formen des Yoga den Menschen schnelles Glück versprechen. Doch Yoga ist eben genau keine Schnellstraße, die uns in ein paar Tagen zur Erleuchtung führt. Dafür trägt sie die Kraft in sich, das Leiden zu verringern, einst sogar zu überwinden, um losgelöst zu leben in einer schwierigen Welt.

Mehr noch: Patanjalis Yoga birgt das Potenzial, uns über die Erfahrungsqualität des uns gewohnten Lebens hinauszuführen, hin zu jener wahren Natur unseres Wesens, die Freude und Schmerz endgültig transzendiert. Patanjali nennt diese Essenz, die wir sind, *Purusha:* »das, was in uns wohnt« – unser *inneres Licht*, wie ich am liebsten sage. Auch *Atman* ist ein Wort dafür, und es klingt noch in unserem Wort *Atem* nach. Krishna weiß in der *Bhagavad Gita* Verheißungsvolles darüber zu sagen:

> »Wer dorthin vorgedrungen ist, für den gibt es nichts mehr zu
> erreichen, und nichts kann ihn je wieder erschüttern,
> nicht einmal das schlimmste vorstellbare Leid.
> Wisse, dass dies der Zustand ist, den man Yoga nennt.«

Und er fordert uns auf: »Übe mit Ausdauer und Entschlossenheit.«

Zu Purusha vorzudringen, besser gesagt: uns selbst als Purusha zu erfahren, jenem Unbegreiflichen in uns, vor dessen Augen sich der Film unseres Lebens abspielt, meint: Die Inhalte unseres Bewusstseins vom Bewusstsein selbst zu trennen und zu erkennen, dass wir so viel mehr sind als Körper, Gedanken und Gefühle: nämlich reines Gewahrsein, das sich selbst erkennt als reines Gewahrsein. »Der Seher ruht in sich selbst«, sagt Patanjali und definiert diesen höchsten Zustand des Yoga gleich am Anfang seines Textes. Darin erfährt Bewusstsein sich selbst und ist zugleich eins mit allem, was ist. Nicht irgendwo und irgendwann, kein Versprechen auf eine bessere Zukunft in dieser Welt, sondern ein neuer Bewusstseinszustand hier und jetzt. In einem wunderbaren Vers lässt Patanjali uns dieses wissen:

> »Entwicklung wird nicht durch das Setzen von Ursachen
> vorangetrieben, es ist vielmehr wie bei einem Bauern,
> der die Hindernisse beseitigt, sodass das Wasser
> über seinen Acker fließen kann.«

Die in diesem Vers ein wenig verschlüsselte Botschaft ist im Grunde einfach zu verstehen, doch umso schwerer zu leben. Auf dem spirituellen Weg, meint Patanjali, geht es nicht darum, »mehr« oder »etwas anderes« zu werden als wir es gegenwärtig sind, darum also, etwas hinzuzuaddieren sozusagen, denn:

> Wir müssen und können rein gar nichts tun,
> um der Wirklichkeit, die wir ohnehin immer schon sind,
> ihr Sein zu ermöglichen.

Die Wirklichkeit existiert, ob wir das nun wahrhaben wollen oder nicht. Der Wirklichkeit ist es auch egal, was wir über sie denken und ob wir sie nun bewusst erleben oder nicht. Doch wir können an uns arbeiten, indem wir unseren Geist von nicht hilfreichen Konzepten und Gewohnheiten reinigen, ihn *läutern*, wie ein aus der Mode gekommenes Wort sagt, um dadurch zu erkennen, dass wir eben bereits die Wirklichkeit sind, die wir suchen und nach deren Erfahrung wir streben.

Unsere Entwicklung, so Patanjali, führt zwingend dahin. Immer. Irgendwann jedenfalls. Wenn nicht in diesem, dann doch in einem späteren Leben. Schneller und schmerzloser ist der Weg jedoch, wenn wir dem Wasser der Evolution erlauben, zu fließen, indem wir unseren Geist »leeren« und falsche Konzepte und Identifikationen aufgeben, um existenziell zu erkennen, wer oder was wir *nicht* sind, und so begreifen, was wir in Wahrheit sind.

Methoden

Patanjali präsentiert eine Reihe von Methoden, allesamt mächtige Instrumente, mit denen wir arbeiten können, um dem Wasser unserer unaufhaltsamen spirituellen Entwicklung ein *sanftes* Fließen zu ermöglichen:

- Die Bemühung, ein Leben zu leben, das ethische Grundsätze beachtet (Yama und Niyama).
- Eine regelmäßige Praxis des stillen Sitzens (Asana) und Atemarbeit (Pranayama).
- Schließlich das Üben von Konzentration (Dharana) und Meditation (Dhyana).
- Dies alles mit dem Ziel, Samadhi zu erlangen, jene meditativen Gipfelerfahrungen, die schrittweise unseren Blick auf die Wirklichkeit verändern.

Indem wir unseren Geist immer wieder auf ein selbst gewähltes Objekt ausrichten, üben wir uns in Konzentration. Es spielt keine große Rolle, welches Objekt wir wählen: den Atem, ein Bild, ein Mantra oder etwas ganz anderes, Patanjali hält jedes positiv besetzte oder neutrale Objekt für geeignet. Ist die Fokussierung stabil und können wir unsere Aufmerksamkeit für längere Zeit auf dem gewählten Objekt lassen, *geschieht* Meditation. »Eine Flamme an einem windgeschützten Ort flackert nicht«, heißt es in der *Bhagavad Gita*. »Damit lässt sich der geübte Geist des Yogi vergleichen.« Die Verbindung mit dem Objekt der Meditation kann so intensiv werden, dass der Geist schließlich eins wird damit. Wenn wir auf den Atem meditieren, ist da nur noch der Atem, nichts sonst. Nicht einmal mehr wir selbst. Der Erfahrende (wir), das zu Erfahrende (unser Atem) und der Prozess (das bewusste Erleben des Atems) *fallen in eins*. Wenn man so will: Wir werden zu dem, worauf wir meditieren. *Samapatti* heißt das in der Sanskritsprache, ein anderes Wort für den bekannteren Begriff *Samadhi*. Den Weg vom bloßen Üben der Konzentration hin zur Erfahrung von Samadhi können wir uns am Beispiel der Atemarbeit so vorstellen:

- Konzentration oder Dharana: »Ich bemühe mich, allein den Atem wahrzunehmen.«
- Meditation oder Dhyana: »Allein den Atem noch nehme ich wahr.«
- Schließlich Samapatti oder Samadhi: »Ich und der Atem sind eins.« Mehr noch: »Ich bin der Atem.«

Die Breite der Erfahrungen auf diesem inneren Weg reicht von der sehr tiefen Konzentration über das vollkommene Versunkensein in das, was wir tun – das Bild des spielenden Kindes, des ekstatischen Tänzers oder des mit seinem Lied verschmelzenden Musikers – bis hin zu spirituellen Tiefenerfahrungen, die sich nur noch schwer in Worten mitteilen lassen.

Transformation

Meditation verändert den Menschen allmählich. Sein Geist wird immer klarer. Kristallklar, wie Patanjali sagt.[7] Das ist ein Bild, das wir auch von den Mystikern des Christentums kennen: »Lauter wie Kristall soll dein Gemüte sein«, rät uns Angelus Silesius (1624-1677), dessen ganzes Wirken darauf abzielte, das Christuskind in uns zu entdecken – die höchste Wirklichkeit in uns selbst.

Bis Kohle zum Diamanten geschliffen wird, dauert es natürlich. Yoga oder spirituelles Wachstum, das haben wir schon gesagt, ist keine Autobahn. Den Geist zu »entrümpeln« braucht seine Zeit. Und es erzeugt Widerstand, Reibung, Hitze: Schmerz also oder Tapas. Erinnern wir uns: Tapas ist eingewoben in die Struktur der Schöpfung, sie beginnt mit der Idee von der Hitze. Doch irgendwann sehen wir die Dinge wie sie sind, frei vom Filter unseres Geistes, der uns die Welt doch am liebsten immer so zeigen will, *wie wir denken,* dass sie ist.

Doch die Welt, die wir sehen, ist bloß eine Spiegelung in unserem Geist, im besten Fall eine Art blasse Fotografie der relativen Wirklichkeit, auf die wir mit dem Finger zeigen können, um zu sagen: Das ist dieses und dies ist jenes. Wir schreiben den Dingen Namen und Eigenschaften zu: »Das gefällt mir!« oder »Das gefällt mir nicht!« Doch ein Zen-Lehrer würde sagen: »Eine Rose ist eine Rose!« Sie ist nicht das Sammelsurium aus Eigenschaften und Ideen, die der Geist ihr vielleicht zuschreiben möchte, Ideen wie zum Beispiel diese:

> »Rosen sind wunderschöne Blumen.«
> »Ich kann Rosen nicht leiden,
> ich verletze mich an ihren Stacheln.«
> »Rosen machen mich glücklich,
> weil sie mich an meine große Liebe erinnern.«
> »Rosen sind ein gutes Geschäft.«
> »Rosen machen mich sehr traurig. Immer wenn ich eine sehe, muss ich an meinen verstorbenen Lebenspartner denken, der sie mir oft zum Geschenk machte.«
> »Rosen sind ein spannendes Gebiet der Botanik.«
> »Rosen sind …«

Das alles mag *relativ* wahr sein und deshalb auch Relevanz für uns besitzen. Doch zugleich ist es ein fundamentaler Irrtum. Eine Rose ist nicht schön oder hässlich, nicht rot oder weiß. Sie ist nicht die Reflexion, die mein Geist von ihr erzeugt und ebenso wenig die Assoziationen und Emotionen, die eine Rose in uns auslöst. *Sie ist einfach nur das, was sie ist.* Ja, sie ist noch nicht einmal eine Rose, denn auch das ist bloß ein Name, eine Erfindung des menschlichen Geistes.

Befreiung meint ein Sehen der Dinge in ihrer nackten *Soheit*, ohne uns reaktiv mit ihnen zu verbinden. Das ist Loslassen. Es ist zugleich ein Hinschauen und Annehmen. So eine Sicht auf die Dinge verringert den Schmerz und kann uns Menschen zum Höchsten führen, jenseits von »Gut« und »Böse«, »Hässlich« oder »Schön«. Das meint Transzendenz: Darüber hinausgehen. Sich erheben. Und dazu müssen wir in uns selbst gehen. Kabir, der bekannte indische Musiker, Dichter und Yogi, sagt es so:

> »Lass alle Vorstellungen fallen und begib dich
> schnell hinein in das, was du bist.«

Praxis: Dem Atem zusehen

Meditation muss keine komplizierte Angelegenheit sein. Alles, was es braucht, sind ein paar Minuten Ruhe, unsere Aufmerksamkeit und ein Objekt, auf das wir diese lenken können. Perfekt geeignet dafür ist der Atem. Wir haben ihn immer dabei. Er ist eine körperliche Brücke in unser Inneres, da er sowohl unbewusst und unwillkürlich abläuft als auch bewusst wahrgenommen und willentlich verändert werden kann.

- Setzen Sie sich bequem hin und kommen Sie einen Moment zur Ruhe.
- Legen Sie eine Hand auf den Bauchnabel und beobachten Sie die Atemaktivität. Mit der Einatmung weitet sich die Bauchdecke sanft, mit der Ausatmung federt sie zurück.
- Verändern Sie Ihren Atem nicht willentlich, sondern erlauben Sie ihm, so zu gehen, wie er in diesem Moment gehen will.

Bewerten Sie nicht, benennen Sie nicht, und leisten Sie keinen Widerstand. Seien Sie einfach mit dem Atem, so wie er ist.

- Es werden Gedanken aufkommen, vielleicht auch Gefühle, angenehme, unangenehme oder neutrale. Lassen Sie das zu und bringen Sie Ihre Wahrnehmung immer wieder sanft zurück zum Atem.
- Versuchen Sie, sich in die Ausatmung hinein zu entspannen, loszulassen. Nur das: Zuschauen und loslassen.
- Bleiben Sie fünf Minuten, gern auch länger, bei dieser einfachen Atemwahrnehmung.

Wir sprachen oben von Kabir, jenem Weisen aus Indien, der Hindus und Muslime gleichermaßen zu seinen Schülern zählte. Kabir überbrückte Grenzen, nach innen ebenso wie zwischen den Konfessionen. Die Wirklichkeit kennt keine Dogmen, keine Religion, keine Namen. Kabir also empfiehlt uns, uns in uns selbst hineinzubegeben, »hinein in das, was du bist«, wie er sagt.

Doch was bin ich eigentlich?

Um dieser Frage etwas näherzukommen, wollen wir uns im Folgenden den Geist des Menschen anschauen, wie die Yogaphilosophie ihn sich vorstellt und ihn uns erklärt.

3
Der innere Raum

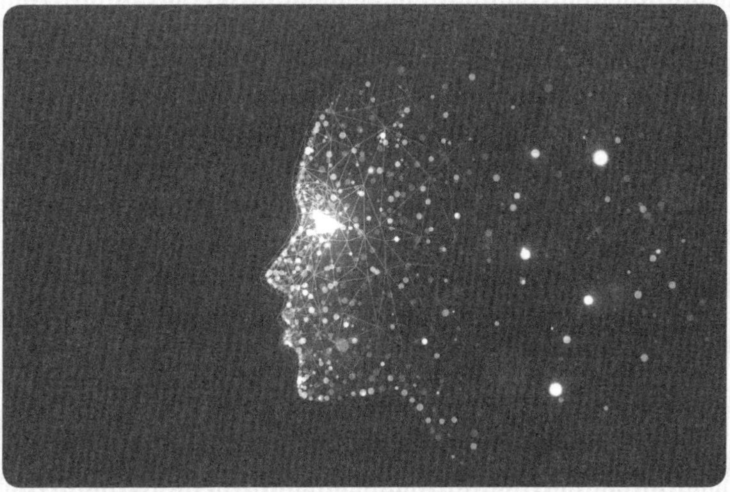

Das, was den Geist denken lässt,
aber vom Geist nicht gedacht werden kann,
das ist wahrhaftig das Selbst.
Dieses Selbst ist niemand anderes als du.

Kena-Upanishad, indische Weisheitsschrift, 500 v. Chr.

Was ist Geist?

»Was ist Geist?« Manchmal frage ich das in unseren Ausbildungen für angehende Yogalehrerinnen und -lehrer. Darauf kommen immer viele Antworten: Intelligenz oder Verstand. Wahrnehmungen, Gedanken oder Gefühle. Gedächtnis oder Bewusstsein. Psyche, ja sogar Seele. Häufig ist die Antwort auch nur ein Schulterzucken. Vielleicht sagt jemand *Spirit*. Meint er damit die Seele? Was *genau* ist Geist? Sich darüber Klarheit zu verschaffen ist für ein Verständnis der Yogaphilosophie wichtig, denn kein Begriff kommt häufiger vor im *Yogasutra* als *Chitta*, das Sanskritwort für Geist oder Bewusstsein. Es ist das zentrale Thema Patanjalis.

Chitta kommt von *chit*, das heißt bemerken, erkennen, wahrnehmen. Chitta ist die Summe all dessen, was wir jemals erfahren haben, alles Gesehene, Gehörte, Gefühlte, alle Fußabdrücke, die das Leben in unserem Geist hinterlässt. Alles, was jemals das Tor unserer Sinne erreicht hat, dazu jeder mentale Prozess, der jemals vollzogen wurde, mithin die Totalität unserer Erfahrungen, bewusst oder nicht: Alles das ist Chitta.

Mehr noch, denn Teil von Chitta sind auch jene Erfahrungen, die wir aus früheren Leben mitgebracht haben. Dass wir nämlich geboren werden, wachsen, alt werden und sterben, um schließlich wiedergeboren zu werden – wie die Schlange, die sich häutet – gilt in der spirituellen Philosophie Indiens als *factum brutum*, eine Tatsache, die nicht mehr hinterfragt werden kann. »Nur Dummköpfe bezweifeln das«, heißt es im zweiten Kapitel der *Bhagavad Gita* ziemlich klar.

Vier Aspekte sind es, die Chitta bilden. Sie stehen für unterschiedliche Aufgaben oder Funktionsbereiche unseres Geistes. Allesamt tragen sie Namen, die wir zwar nicht adäquat übersetzen, jedoch beschreiben können.

Die Bühne unseres Geistes

Der erste Aspekt von Chitta heißt *Manas.* Unser Wort *Mensch* kommt daher. Die Silbe *man* bedeutet so viel wie meinen, annehmen oder denken – nicht aber wissen. Doch auch dies eröffnet uns noch nicht die Fülle der Aufgaben, die unter Manas subsumiert werden. Ich nenne Manas gern die Bühne unseres Geistes. Alle Schauspieler unseres Lebens treten dort auf:

- Das sind zum einen unsere *Wahrnehmungen.* Mit der äußeren Welt treten wir über unsere Sinne in Verbindung. Damit ist Manas so etwas wie die Schnittstelle zu unserer Außenwelt. Doch Wahrnehmung beschränkt sich nicht allein auf das Außen. Unfassbar viele Informationen erreichen unseren Geist auch in jedem Moment von innen: somatische Prozesse ebenso wie die zahllosen Eindrücke und Bilder, die immer wieder in uns aufsteigen.
- Zu Manas gehören auch unsere *Instinkte* und *Reflexe*, jene biologischen Mechanismen, die dem unmittelbaren Überleben dienen. Wenn es zum Beispiel in nächster Nähe knallt, gehen wir blitzschnell und ohne darüber nachzudenken in Deckung. Dafür sorgt Manas.
- Auch unser *Denken* ist ein Aspekt von Manas. Nicht so sehr das logische Denken oder die philosophische Kontemplation, sondern das schlichte »Alltagsdenken« – die Gedanken, die kommen und gehen und uns manchmal auch das Leben schwer machen und uns den Schlaf rauben. Eine prägende Eigenschaft von Manas ist der *Zweifel.* Wenn nicht gerade eine schnelle Entscheidung getroffen werden muss, um unser Überleben zu sichern, pendelt Manas zwischen den Optionen: Soll ich dieses tun oder jenes? Sport oder Couch? Wasser, Wein oder Bier?
- Die Yogaphilosophie trennt Emotionen nicht von Gedanken, und so werden auch unsere Gefühle Manas zugeordnet. Jede Wahrnehmung, jeder Gedanke löst Gefühle aus. Und Gefühle

wiederum beeinflussen unser Denken und Wahrnehmen. Unser Geist ist ein untrennbar Ganzes.

- Den fünften Aspekt schließlich bilden unsere *Reaktionen* auf das, was wir erleben, innerlich wie äußerlich, einschließlich unserer Handlungen, mit denen wir zurückwirken in die Welt.

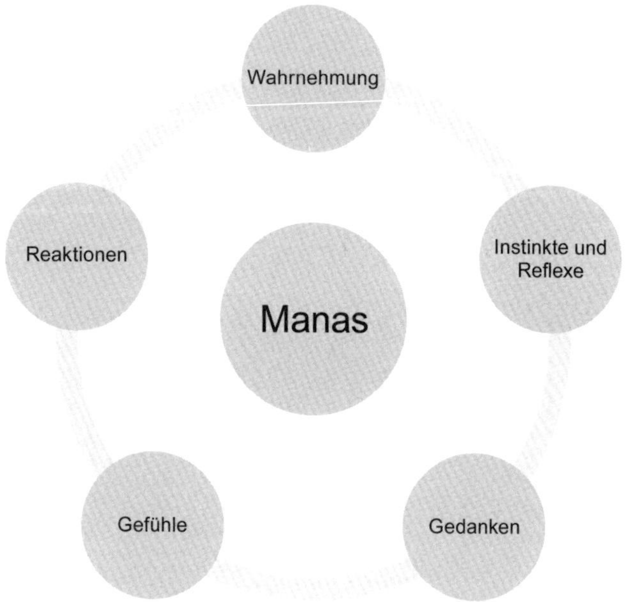

Zwar haben wir mit Manas bereits zentrale Funktionen des menschlichen Geistes beschrieben. Doch stellen wir uns einen Menschen vor, dessen Geist über nichts über die genannten Eigenschaften hinaus verfügt. Wäre er nicht bloß eine Art von Automat? Ein willenloser dazu, schwimmend in einem endlosen Ozean von Erfahrungen, ohne sie einordnen und integrieren zu können. Damit die Vielzahl von Erfahrungen, die wir machen, sinnvoll integriert werden können und damit zu *unseren* Erfahrungen werden, braucht es ein *Ich*.

Der „Ich-Macher“

Alle die Eindrücke, Sensationen und Erfahrungen, die die Bühne von Manas betreten, blieben lose und zusammenhanglos, gäbe es nicht eine Instanz, die sie zusammenhält, zuordnet und integriert. Die Yogaphilosophie nennt sie *Ahamkara*, den »Ich-Macher«. Ahamkara macht aus Gedanken *meine* Gedanken, aus Gefühlen *meine* Gefühle, aus Wahrnehmungen *meine* Wahrnehmungen und so weiter. Mit anderen Worten: Der Ich-Macher integriert unsere Erfahrungen, indem er an jedes Etwas, das uns gehört, und an jedes Erlebnis, das wir haben, ein *Mein* oder ein *Ich* heftet.

Den Ich-Macher können wir natürlich auch Ego nennen. Es entsteht im Laufe der frühen Kindheit. Als Babys noch leben wir in einem ichlosen Ozean nackten Staunens, in einer *Vor-Ego-Welt.* Den größten Teil unseres Lebens dann setzt Ahamkara uns ins Verhältnis zur Welt, grenzt uns ab: Zu den Ideen von Ich und Mein gehört nämlich auch ihr Gegenteil: Nicht-Ich und Nicht-Mein. Im hohen Alter kommt es dann vor, dass das Ego desintegriert, ja geradezu zusammenbricht: Schwerst Demenzkranke leben häufig in einer *Nach-Ego-Welt.* Ich sah sie oft »buddha-gleich« in sich ruhen, nicht wissend freilich um ihren inneren Frieden, erwachsend aus der Freiheit von schmerzhaften Erinnerungen und einem Ich, das dauernd etwas will oder nicht will.

- In der spirituellen Welt eilt dem Ego kein guter Ruf voraus. Doch es ist wichtig, etwas genauer hinzuschauen. Eine grundlegende Funktion des Egos ist die Selbstbehauptung, *Abhimana*, wie man in der Sprache des Yoga sagt. Ohne die Fähigkeit, uns in der Welt zu behaupten, würden wir schlicht untergehen, könnten noch nicht einmal unser biologisches Überleben sichern. Der Mensch nimmt sich aus der Natur, was er zum Leben braucht, und behauptet sich gegen seinen Nächsten (und übertreibt es dabei auch gern, wie der Zustand der Welt uns spiegelt). Ohne Selbstbehauptung jedenfalls würden wir schnell untergehen.

- Doch gleichzeitig – und darin nun liegt das, was ich die *Zwitternatur des Egos* nenne – trennt der Ich-Macher uns von der Erfahrung des Einsseins mit der Welt, in der wir leben, und der Quelle, aus der wir kommen – die Quelle eigentlich, die wir *sind:* das innere Licht reinen Gewahrseins. Wir fühlen uns nicht verbunden mit *Allem-was-Ist*. Spirituelle Blindheit, *Avidya*, nennt die Yogaphilosophie diesen Zustand: das Nicht-Sehen oder Nicht-Wissen heißt diese Blindheit im Yogasutra. Man nennt sie auch *Tamas*, die Dunkelheit.

  Derart unverbunden erleben wir uns als einsame Reiter in einer potenziell bedrohlichen Welt. Und wir kämpfen darin um unsere Existenz. Wir wollen Dinge haben: Vermögen, Erfolg, Beziehungen, Status, Macht, Vergnügen und vieles andere mehr.
- Oder auch nicht haben wollen: Verlust, Misserfolg, Einsamkeit, Schwäche, Schmerz und so weiter. Ganz besonders dieses eine können wir buchstäblich »auf den Tod nicht ausstehen«: den Tod.
- Deshalb halten wir an unserer physischen Existenz fest. *Abhinivesha* heißt dieser Wesenszug. Er ist uns eingeboren, einfach deshalb, weil wir biologische Wesen sind. Doch Yoga will uns eintauchen lassen in den Ozean der Ichlosigkeit, den wir als kleine Kinder erfahren haben, doch nun mit den Augen des vollbewussten Menschen.

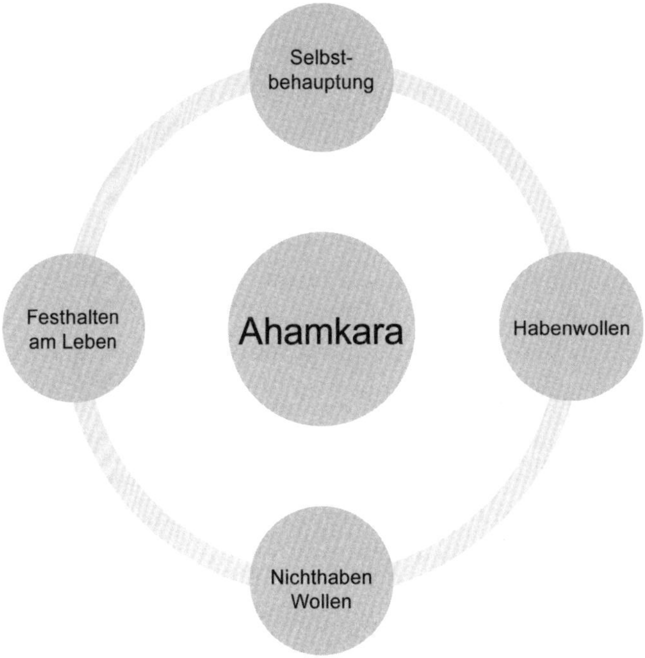

Praxis: »Ich bin hier«

Hier eine einfache, meditative Atempraxis, in die wir das Ich auf bewusste Weise integrieren, wobei es weicher und durchlässiger werden kann. Das ist deshalb möglich, weil wir hier nicht mit der Idee von »Ich bin dies oder jenes« arbeiten, sondern nur mit »Ich bin« und »hier« – Sein und Gegenwärtigkeit.

- Setzen Sie sich bequem hin und richten Sie Ihre Aufmerksamkeit auf den Atem. Noch intensiver wird die Erfahrung, wenn Sie eine Hand aufs Herz legen. Die andere können Sie gut auf den Bauch liegen, das unterstützt eine entspannte Ausatmung.

- Wenn Sie nach ein paar Atemzügen Ihren natürlichen Rhythmus gefunden haben, sagen Sie innerlich bei der Einatmung: »Ich bin« und bei der Ausatmung: »hier«. Sie atmen ein und sagen »Ich bin«. Sie atmen aus und sagen »hier«.
- So einfach: Sie atmen und sagen »Ich bin hier«. So treten Sie ins Hier-und-Jetzt ein mit Körper, Atem, Sinnen und Geist.

Um uns in eine Richtung zu entwickeln, in der es immer weniger der Ich-Macher ist, der unsere Handlungen dominiert, braucht es eine evolutionär höher entwickelte Ebene unseres Geistes. Die Yogaphilosophie nennt sie *Buddhi.*

Die Weise, Gütige und Starke

Buddhi kommt von *budh,* das meint erwachen oder erkennen. Buddhi steht für die höher entwickelten Aspekte unseres Geistes: für Liebe und Freude, Mitgefühl, Güte und Empathie, für Gelassenheit und Klarheit, für Intelligenz, Klugheit und Weisheit. Besonders sind auch Mut und Willenskraft Eigenschaften, die man Buddhi zuordnet. Gemeint ist hier zum Beispiel der Mut, für das als richtig Erkannte einzutreten, selbst dann, wenn uns persönliche Nachteile daraus erwachsen könnten. Mut ist nur dann Mut, wenn unser Handeln Angst überwinden muss. Wer keine Furcht kennt, braucht auch keinen Mut. Gemeint ist natürlich ebenso der Mut, den wir brauchen, wenn wir uns auf den Weg der Selbsterkenntnis begeben. Wacher werden ist nicht immer leicht, oft tut es weh, zunehmend zu erkennen, wie die Dinge sind, und nicht den Kopf in den Sand zu stecken. Und im Blick auf den starken Willen ist natürlich nicht der selbstsüchtige Eigenwille gemeint, im Gegenteil. Vielmehr geht es um die Kraft, sich zu Selbstlosigkeit zu entwickeln. Je mehr Buddhi dominiert, desto weniger sind unsere Gedanken, Gefühle und Handlungen vom Ego gesteuert.

Einmal fragte jemand den Prinzen Gautama Siddharta: »Wer bist du? Ein Mensch? Ein Engel? Eine Gottheit vielleicht?« Gautama antwortete: »Ich bin *buddha,* erwacht!« Gautama war nicht von Geburt an vollkommen erwacht, wenngleich er schon besondere Qualitäten mit ins Leben gebracht haben muss, denn seine spirituelle Selbstsuche wurde angetrieben vom Mitgefühl: Er suchte nach einem Weg, der alle fühlenden Wesen endgültig vom Leid befreien könnte. Am Anfang seiner Suche also stand das Hinschauen und Erkennen, das Leid und Schmerz in der Welt existieren. Schließlich, in einer langen Nacht tiefer Meditation, durfte er überwältigende innere Erfahrungen machen und erkannte sein Innerstes – eine Erkenntnis, die in die Leidfreiheit des Seins einmündete. So wurde Gautama zu Buddha.

Die Sankhya-Philosophie, die das *Yogasutra* und viele andere Schriften und spirituelle Strömungen Indiens inspiriert hat, sagt, dass Buddhi sowohl erworben ist als auch entwickelt werden kann. Wie Gautama bringen wir eine bestimmte Grundausstattung mit ins Leben, die wir dann weiter entfalten können, sodass einst Weisheit und absolute Erkenntnis möglich werden. Wir alle können einmal wie Buddha sein. Oder wie Patanjali. Die beiden hätten sich sicher blendend verstanden. Ich stelle mir gern vor, wie es wohl wäre, mit ihnen an einem Tisch zu sitzen und über das Leben zu philosophieren …

Wir sagten, dass Manas, die Bühne unseres Geistes, den Zweifel als charakteristische Eigenschaft hat: Wenn es nicht gerade darum geht, reflexhaft eine Handlung auf den Weg zu bringen, um unsere Sicherheit zu gewährleisten – wie zum Beispiel das spontane Zurückziehen unserer Hand, wenn sie etwas Heißes berührt –, ist Buddhi am Zug, wenn bewusste Entscheidungen zu treffen sind. Wie gut oder schlecht aus yogischer Sicht unsere Entscheidungen nun sind, hängt davon ab, wie weit Buddhi entwickelt ist. Das führt uns zum philosophischen Konzept der *Gunas.*

Die drei *Gunas* können wir als einen qualitativen Gradmesser verstehen, um den Zustand des Geistes auszudrücken:

- Tamas steht für die Blindheit, für das Dunkle, Unklare, Verzerrte und auch im ethischen Sinne nicht Wünschenswerte.
- Rajas hingegen repräsentiert den rastlosen, egogetriebenen Geist. Buddha nannte ihn auch »Affengeist«.
- Sattva schließlich meint den gereinigten Geist, der Herzensgüte und Weisheit hat.

Yoga will immer mehr Sattva in uns hervorbringen.

Der Zustand den Patanjali im Yogasutra beschreibt, geht über alle diese Zustände hinaus. *Kaivalya* heißt schließlich das ultimative Ziel des Yoga: völlige Losgelöstheit und das gelebte Wissen um die unsterbliche, heilige Natur unseres Wesens. Kaivalya liegt jenseits der Gunas. Die berühmte *Jnana-Mudra* symbolisiert das: Der Zeigefinger, das bist Du. Der Daumen steht für das Höchste. Die drei anderen Finger stehen für die Gunas, für die vergängliche Welt oder *Prakriti,* in der wir Freud und Leid erfahren. Der Zeigefinger *verbindet* sich mit dem Daumen: Wir werden eins mit der Wirklichkeit – wie immer wir sie nennen mögen. Das Absolute indes braucht keinen Namen.

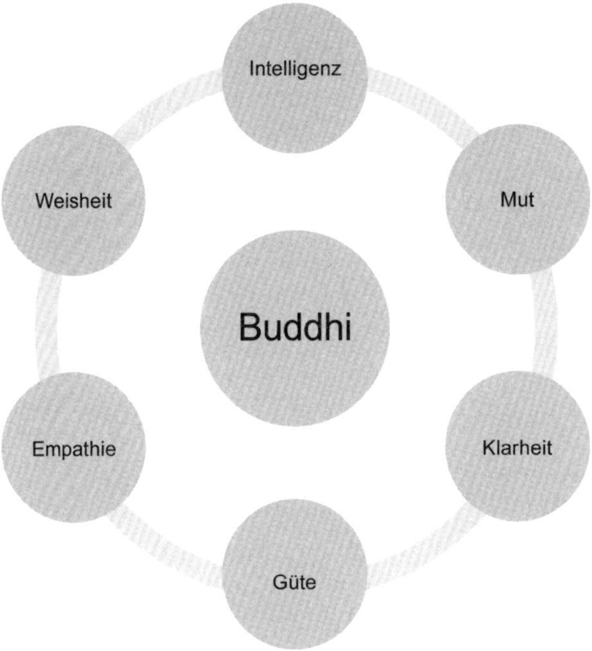

Buddhi und ein paar seiner zentralen Eigenschaften. Im Grunde können wir diesem Aspekt unseres Geistes alle Qualitäten zuordnen, die wir zu den höheren Ausdrucksformen des Geistes zählen würden, auch Dinge also wie Liebe (Güte ist ein Wesenszug auch von Liebe), Intuition, ein Empfinden für Schönheit, Willenskraft und anderes mehr.

Praxis: »Die vier Unermesslichen«

Die »vier Unermesslichen« oder *Brahmavihara* sind Qualitäten des Geistes, die für Buddha so wichtig sind wie für Patanjali.[8] Sie verdichten, wohin unser Geist sich entwickeln kann, vier Herzensqualitäten: Liebe, Mitgefühl, Freude und Gelassenheit.

Ich liebe die folgenden Sätze, die diese Qualitäten mit guten Wünschen für alle fühlenden Wesen verbinden. Es tut der Seele gut, sie jeden Tag innerlich auszusprechen, vor allem vor dem Schlafengehen. Sie lassen sich wunderbar auch in eine Atem- oder Meditationspraxis einbinden:

- Setzen Sie sich bequem hin und kommen Sie einen Moment zur Ruhe.
- Bringen Sie Ihre Aufmerksamkeit zum Atem und entspannen Sie sich bewusst in die Ausatmung hinein. Mit jeder Ausatmung lassen Sie Spannung aus sich herausfließen.
- Wenn Sie Ihren natürlichen Atemrhythmus gefunden haben, legen Sie eine Hand auf Ihr Herz. Dann sprechen Sie langsam und bewusst Wort für Wort die folgenden vier Sätze jeweils dreimal. Lassen Sie sich dazwischen immer wieder Zeit zum Nachspüren, um Körper und Atem zu fühlen:
  »Mögen alle Wesen Glück erfahren
  und die Ursachen von Glück.«
  »Mögen alle Wesen frei sein von Leid
  und den Ursachen des Leidens.«
  »Mögen alle Wesen teilhaben am höchsten Glück,
  das frei ist von allem Leid.«
  »Und mögen Sie sein in Gelassenheit und Frieden,
  wissend um die Verbundenheit von allem, was lebt.«

Der erste Satz steht für unsere liebende Haltung gegenüber allen Wesen: Wir wünschen ihnen Glück.

Der zweite Satz drückt unser Mitgefühl aus.

Im dritten Satz bringen wir unsere Freude darüber zum Ausdruck, dass anderen Gutes widerfährt.

Der Abschluss bezieht sich auf eine Geisteshaltung, die immer Frieden wahrt – auch dann, wenn wir Negativem begegnen. Der Geist, sagt Patanjali, wohnt in unserem Herzen.[9] Der sattvische Geist und das sattvische Herz: Sie sind ein und dasselbe.

Hüter der Erinnerungen

Ein Element zur Beschreibung von Chitta fehlt uns noch. Auch hieran bindet der Ich-Macher seine Fäden. Wir nennen diesen Aspekt genauso wie das Ganze, also Chitta, und wir meinen damit unsere *Erinnerungen.* In der Yogaphilosophie ist es nicht ungewöhnlich, dass der Teil einer Sache genauso heißen kann wie das Ganze. Bei Chitta, den Erinnerungen, passt das auch sehr gut, denn dieses Wort bezieht sich ja, wie wir gesagt haben, auf alles jemals Erfahrene. Alles, was jemals Chitta erreicht hat – jede Wahrnehmung, jedes Gefühl, jeder Gedanke –, wird dort gespeichert. Wir können also sagen, Chitta *repräsentiert die Person, die wir sind, als die Summe aller Erfahrungen, die wir je gemacht haben.*

Nur ein verschwindend geringer Teil davon ist uns bewusst. Manches erleben wir in Träumen. Und einiges wird so weit verdrängt, dass es wie vergessen, verloren scheint. Dennoch prägt es unser Fühlen, Denken und Handeln. Der Biologe Bruce Lipton schrieb, dass wir zum allergrößten Teil nur aus dem Unbewussten heraus gelenkt würden.[10] Und dennoch bilden wir uns ein, bewusste Wesen zu sein.

Wie groß die Dimension des Unbewussten ist, übersteigt unser Vorstellungsvermögen: Es umfasst alle Erinnerungen aus allen Existenzen, die wir je durchlebt haben. Vor diesem Hintergrund scheint es nicht unberechtigt, den Begriff Chitta schlicht als *das Unbewusste* zu übersetzen und folgerichtig das Programm des Yoga als fortdauernden Prozess der Bewusst*machung* und Bewusst*werdung* zu verstehen. Die Yogaphilosophie jedenfalls geht, wie die meisten spirituellen Traditionen der Menschheit, selbstverständlich davon aus, dass das Leben ein Kreislauf ist, in den wir einst eingetreten sind und es immer wieder aufs Neue tun. Das Leben kommt nicht aus dem Nichts. Es geht auch nicht nach Nirgendwo. (Sogar die frühen Christen gingen übrigens von der Reinkarnation aus, bis man dieses Denken Anfang des 6. Jahrhunderts auf einem politisch-religiösen Konzil offiziell verbot.)

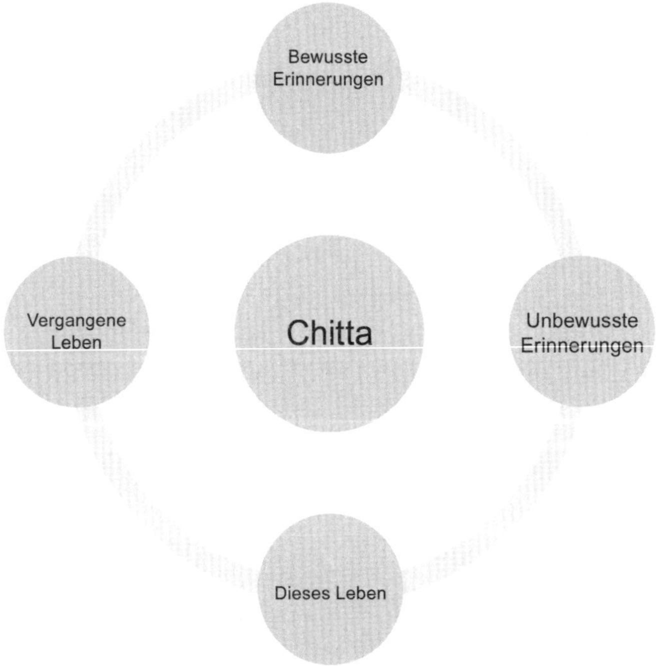

Kehren wir nochmals zur Ausgangsfrage dieses Kapitels zurück: *Was ist Chitta oder Geist?* Yogaphilosophisch beantwortet ist Geist die Vierheit aus Manas, Ahamkara, Buddhi und Chitta mit ihren vielfältigen Aufgaben. Als geistige Wesen in diesem Sinne sind wir gewissermaßen ein Bündel aus Wahrnehmungen, Gedanken und Gefühlen, Intelligenz und höheren Geistesqualitäten, einem riesigen Pool an Erinnerungen, gespeicherten Eindrücken und Erfahrungen (aus dieser und früheren Existenzen) sowie ein Ich, das alles das »zusammenhält«, um uns zu der Person zu machen, die wir sind.

Wenn wir sterben, verlässt Chitta unseren Körper und betritt andere Erfahrungsräume, um darin neuerlich Freud und Leid zu erfahren – solange, bis eines Tages der Wunsch stark genug geworden ist, uns aus diesem Kreislauf zu befreien. So wie es bei Buddha der Fall war. Dann begibt man sich auf die Suche nach einem Weg, um irgendwann ein *Jivanmukti* zu werden, eine befreite Seele …

Wie wirklich ist die Wirklichkeit?

Wir wollen nun das spannende Phänomen der Wahrnehmung beleuchten und der Frage nachgehen, wie wirklich oder unwirklich eigentlich ist, was wir wahrnehmen. Wenn wir den Prozess der Wahrnehmung verstehen, bekommen wir ein noch klareres Gefühl dafür, warum Yogis versuchen, in die Tiefe des Geistes vorzustoßen.

Die Wahrnehmung ist unser Tor zur Welt, ob es sich dabei um die äußere Welt handelt, in der wir leben, oder um unsere Binnenwelt – die Welt, die in uns existiert. Wahrnehmung ermöglicht uns Erkenntnisse über beide Dimensionen. Die Instrumente der Wahrnehmung nennt man in der Yogaphilosophie *Jnanendriyas*, das bedeutet wörtlich *Erkenntnisorgane* oder *-instrumente*. Natürlich denken wir dabei sofort an unsere physischen Sinnesorgane – Augapfel, Nase, Ohren und so weiter – doch erfasst das nur den physisch-materiellen Aspekt des Wahrnehmungsgeschehens. Letztlich ist Wahrnehmung aber ein mentaler Prozess, genauer: eine Fähigkeit, oder fundamentaler noch: ein Prinzip, das auch unabhängig von unseren Sinnesorganen existiert.

So können wir auch dann wahrnehmen, wenn unsere äußeren »Sinnestore« geschlossen sind, zum Beispiel im Traum: Obgleich es dunkel ist, erleben wir jede Nacht eine bunte Welt, mindestens so bilderreich wie die Außenwelt. (Dass wir uns häufig am Morgen nicht daran erinnern, tut dabei nichts zur Sache, denn jeder von uns hat etwa fünf Traumphasen in jeder Nacht.)

In Meditation oder anderen erweiterten Bewusstseinszuständen können ebenfalls Wahrnehmungen auftreten, die mit den physischen Sinnesorganen nicht möglich wären, Wahrnehmungen, die unsere bisher gültige Auffassung der Wirklichkeit infrage stellen, vielleicht sogar als falsch erscheinen lassen und entsprechend verändern. Patanjali spricht im ersten Kapitel des *Yogasutra* darüber, wenn er sagt, dass Erkenntnisse, die wir in tiefer Meditation gewinnen, unser bisheriges Wissen löschen und durch neues, *wirkliches* Wissen ersetzen.[11]

Ein Beispiel: Wenn wir in tiefer Meditation die Erfahrung machen, uns vom physischen Körper zu lösen – eine außerkörperliche Erfahrung also, wie sie auch Menschen in traumatischen Krisen und Nahtoderfahrungen machen – und wenn wir das nicht als Hirngespinst abtun, wirft das die Frage auf, ob tatsächlich das Materielle die Grundlage der Schöpfung ist oder ob es sich vielleicht auch ganz anders verhalten könnte: Dass nämlich Geist die Grundlage des Seins ist und das Materielle nur *eine* mögliche Form, wie Geist sich manifestiert.

Kurz: Ist das Fundament des Universums physikalisch oder ist es Bewusstsein? Disziplinen wie die *Transpersonale Psychologie* und mutige Vordenker in wissenschaftlichen Disziplinen wie der Physik, Biologie und Psychologie widmen sich heute intensiv dieser Frage und fordern einen Paradigmenwechsel, also eine neue wissenschaftliche Sicht auf die Welt, weil zahlreiche, unbestreitbar auftretende Phänomene eben nicht mit den überkommenen Modellen erklärt werden können.

Neben der außerkörperlichen Erfahrung – auf die ich später noch ausführlicher zurückkommen werde, da ich intensive Bekanntschaft damit machen durfte – existieren noch viele weitere Phänomene in erweiterten Bewusstseinszuständen, die das gleiche Problem aufwerfen, zum Beispiel Präkognition oder Hellsichtigkeit, Klarträume, non-verbale Kommunikation, intuitiv erlangtes Wissen, Remote Viewing (also die Fähigkeit, entfernte Orte zu sehen) und anderes mehr. Ist die Welt, wie sie uns erklärt wird, einzig richtig und demzufolge alle Erfahrungen erweiterten Bewusstseins, die Millionen Menschen auf der Welt immer wieder machen, psychotisch, oder sollten wir unsere Wirklichkeitsauffassung ausdehnen?

Solchen ungewöhnlichen Bewusstseinszuständen widmet das *Yogasutra* ein ganzes Kapitel unter dem Stichwort *Vibhutis* – innere Erlebnisse, die alle verbunden sind mit einer veränderten, erweiterten und vertieften Wahrnehmung, die eine neue Sicht auf die

Welt und uns selbst eröffnen. Der weltberühmte Psychiater und Bewusstseinsforscher Stanislav Grof nennt solche Zustände *holotrop*, das bedeutet »sich auf die Ganzheit hinbewegend«. Dahinter steckt die Idee, dass wir uns in unserem begrenzten und konditionierten Zustand des Alltags-Wachbewusstseins nur mit einem Teil unserer eigenen Wirklichkeit identifizieren, nämlich mit unserer *Ego-Körperidentität*, wie Grof es nennt.

Es ist dies der gleiche Gedanke, dem wir auch im *Yogasutra* begegnen, wenn Patanjali vom Bewusstseinszustand des Yoga spricht, der unsere bisherigen Identifikationen transzendiert. So könnte man den ganzen Weg des Yoga beschreiben als einen, der nach und nach unsere Wahrnehmung verfeinert und ausdehnt, unsere Auffassung von Realität schrittweise auf der Grundlage subjektiver Erfahrungen – gewonnen in tiefen Bewusstseinszuständen – korrigiert, präzisiert und schließlich den Zugang zur absoluten, letztgültigen Wirklichkeit ermöglicht, beschreibbar nur noch in spirituellen Kategorien. In der Tat ein ambitioniertes – und im wahrsten Sinne des Wortes *revolutionäres* – Programm, stürzt es doch all unser vermeintlich sicheres Wissen den Abgrund hinunter.

Wahrnehmung als Spiegelung der Wirklichkeit

Doch alldem voraus geht die Frage, wie Wahrnehmung überhaupt funktioniert. Gemeint ist hier zunächst die ganz normale Wahrnehmung im Alltag. Wie erlangen wir Wissen über die Welt, in der wir leben? Dazu formuliert Patanjali im vierten Kapitel des *Yogasutra* einen kurzen Satz, der es, näher besehen, in sich hat – ein Satz, der eine hochmoderne Auffassung von Wahrnehmung offenbart, wie sie der Sankhya-Philosophie zugrunde liegt. Patanjali also sagt:

> „Ob ein Objekt erkannt wird oder nicht,
> hängt von dessen Spiegelung in unserem Geist ab.“[12]

Es ist das Wort *Spiegelung*, auf das es hier besonders ankommt.[13] Nehmen wir als ein Beispiel wieder die Rose, die wir anschauen. Die Mechanik der Wahrnehmung ist dabei folgende:

Das Objekt Rose kommt in Kontakt mit unseren Sinnesorganen, und ein Bild – eine Impression, ein Eindruck oder auch »Abdruck« – davon wird in unserem Inneren erzeugt. Es ist dieses Bild, das wir sehen, so, als würden wir auf ein Foto blicken, anders ausgedrückt: Was wir sehen, ist nie das Original, sondern nur die Spur oder der Abdruck, den das Original in unserem Geist hinterlässt. Wir sehen also nicht die Rose selbst, sondern nur das Bild, das in unserem Geist von ihr erzeugt wird: Eine mentale Re-Konstruktion der äußeren Wirklichkeit. Diese Re-Konstruktion ist nicht zu verwechseln mit einer Fata Morgana oder Illusion, bei der unser Geist etwas konstruiert, das es in der äußeren Wirklichkeit gar nicht gibt, wie zum Beispiel die berühmte Oase in der Wüste, auf die der Verdurstende blickt, nicht ahnend, dass er einer Täuschung erliegt. Die Rose aber existiert. Doch in unserer alltäglichen Wahrnehmung können wir sie niemals *unmittelbar* sehen, sondern immer nur auf dem Weg der beschriebenen Mechanik – nur das Bild von ihr können wir sehen.

Dies Bild nun sowie alle Assoziationen, Annahmen, Meinungen und so weiter, die sich darum ranken, sind die Versatzstücke unserer *persönlichen Wirklichkeit.* So erfährt der Blumenzüchter die Rose auf ganz andere Weise als jene Frau, deren verstorbener Mann ihr immer gern Rosen schenkte. Meine Rose ist nicht deine Rose!

Auf der Ebene der Alltagswahrnehmung sind wir damit – ein fast melancholischer Gedanke geradezu – die einsamsten Wesen des Kosmos. Ich kann meine Wahrnehmung mit niemandem wirklich teilen, niemals. Ja, ich kann darüber sprechen, vielleicht ein Foto machen und vorzeigen, doch nie kann ich meine Rose so mit jemandem teilen, dass er meine Rose auf meine Weise in sich selbst wahrnimmt. Niemand kann mich als sich selbst erleben, das wäre die maximale Form von Empathie: genau nachzuerleben, was jemand anderes erfährt. Auf dem Weg normaler Wahrnehmung kann das niemals gelingen. Da haben wir ja noch nicht einmal die

Möglichkeit, unsere persönliche Rose mit der wirklichen zu vergleichen. Alle Wahrnehmungen, alle Eindrücke, die das Leben uns zuträgt, erfahren wir nur als die Bilder unseres Geistes, und wir reagieren darauf mit Reflexen, Gedanken und Gefühlen.

Wir erfahren letztlich immer nur uns selbst.

Wir sind eingezäunt und begrenzt auf unseren inneren Kosmos und erleben die mentale Re-Konstruktion der Wirklichkeit, die wir für die Wirklichkeit selbst halten. Wir alle leben in einer einsamen, verzerrten Welt und streiten uns um die Frage, wessen Welt die richtige sei. Ist es nicht geradezu eine Ironie des kosmischen Spiels, dass die Wirklichkeit so konstruiert ist, dass die in ihr lebenden Wesen zwar ganz aus ihr gemacht sind, sie aber nur verschleiert erfahren können?

Ich habe einmal gelesen, dass eine Zecke im Wesentlichen nur zwei Möglichkeiten hat, die Welt zu erfahren. Nur zwei Arten von Eindrücken bestimmen ihre Wahrnehmung: Wärme und der Geruch von Buttersäure, den Tiere oder Menschen mit ihrem Schweiß verströmen. Nur zwei Erfahrungsmöglichkeiten also, diese jedoch in beeindruckender Tiefe: Eine Zecke kann lange Zeit ohne Nahrung – jahrelang! – einfach nur in Stille sitzen und abwarten. Eines Tages streife ich dann beim Joggen den Grashalm, auf dem sie sitzt. Und sie beißt zu. Zweifellos nehmen wir an, mehr über die Welt zu wissen, als dieses einfache Tier, doch wenn es um Buttersäure und Wärmeempfindung geht, dann sind die Sinnesorgane der Zecke uns meilenweit überlegen, ungleich feiner und genauer als unsere Wirklichkeitsabbildung! Oder denken wir an den europäischen Aal: Sein Geruchssinn ist so fein, dass er, würde er sich für Parfüm begeistern, einen einzigen Tropfen davon, aufgelöst im Wasser des Bodensees, präzise wahrnehmen könnte.

Wessen Wirklichkeit ist wirklicher? Meine oder die der Zecke oder des Aals? Und wie genau oder fein müsste Wahrnehmung überhaupt sein, was alles erfassen, um die Wirklichkeit in ihrer Ganzheit abzubilden? Der Mensch hat sich immerhin leistungsstarke Hilfen ersonnen: Mit Teleskopen blickt er in die Tiefen des Alls und mit Mikroskopen ins unvorstellbar Kleine, Winzige. So erweitert er seine Möglichkeiten, Abbilder von der Wirklichkeit in seinem Inneren zu erzeugen. Immer mehr Ausschnitte des Ganzen rekonstruiert er in seinem Geist. Doch letztlich bleibt es immer dabei: Es sind nur Abbilder, Spiegelungen im individuellen Geist, mit anderen Worten: nur *relative*, niemals absolute Wirklichkeit. Das ist die Krux.

Die spannende Frage jedoch, die sich nun stellt, ist diese: Wenn die Rose existiert, ich aber nur meine persönliche Version dieser Wirklichkeit in meinem Inneren vorfinde, was ist dann die *Rose an sich?* Was ist die »Soheit« dieses Objektes, das ich Rose nenne, das ich auf meine Weise zu beschreiben vermag, das ich schön finde oder nicht? Was ist die Wirklichkeit der Rose selbst?

Und ist diese Rosen-Wirklichkeit theoretisch jemals erkennbar, erfahrbar? Die Antwort der Yogaphilosophie ist ein lautes »Ja!« Mehr noch, es ist das, worauf Yoga überhaupt hinauswill: Den Geist zu einer Klarheit zu führen, einer *kristallenen Klarheit,* um das Bild aus dem *Yogasutra* zu verwenden, so klar, dass wir die Welt unmittelbar erfahren, ohne Überlagerungen und Verzerrungen, die unser Geist erzeugt. Keine Abdrücke mehr! Vielmehr ein Verschmelzen ins Einssein mit dem Objekt, das wir anschauen: Wenn wir ein *Samadhi* auf einen Granitblock erfahren würden, wüssten wir, was es bedeutet, ein Granitblock zu sein. Auch in modernen Zeiten machen Menschen immer wieder solche Verschmelzungs- und Entgrenzungserfahrungen – mithilfe des Atems, der Meditation, mit psycho-aktiven Substanzen (eine Möglichkeit, die übrigens auch im vierten Kapitel des Yogasutra erwähnt wird), in schamanischen Reisen oder auch in krisenhaften Situationen. Zahllose Wege fanden Menschen, die sie hinführten nicht nur zu wichtigen Botschaften aus einer »anderen Welt«, der wir ebenso zugehören wie dieser, sondern auch zur Erfahrung ihrer Einheit mit *Allem-was-Ist.*

Diese Erlebnisse werden als unbezweifelbar real erlebt. Sie machen uns nicht krank, sondern erweitern unser Konzept vom Sein. Ich könnte auch sagen: Sie weiten Grenzen und korrigieren Verzerrungen und Verengungen. Wem das gegönnt ist, wird ein anderer. Er muss dass zwar weiter in einer geistig »zu engen« Welt leben, in der nur die wenigsten nachvollziehen können, was er erfahren hat. Das kann auch manchmal etwas einsam machen. Doch das ist es, meine ich, mehr als wert. Gewahrsein, das sich erweitert, bringt uns näher zu Wirklichkeit des Seins, die immer auch die Wirklichkeit von uns selbst ist. Ein großes Abenteuer! Die abschließende Botschaft – eine Empfehlung – , die ich daraus lese, ist diese: Seien wir uns bewusst, wie begrenzt unsere Wahrnehmung ist und die daraus resultierende Vorstellung von Wirklichkeit. Das macht achtsam, milde, bescheiden, weise. Doch seien wir uns ebenso bewusst, dass wir diese Begrenzungen sprengen können, um schließlich auf die weite Landschaft des unbegrenzten Seins zu schauen. Das macht uns strahlend, glücklich, ganz.

Wir können den Weg des Yoga als beständige Ausdehnung von Erfahrung begreifen, als eine Erweiterung der Wahrnehmung und ein immer tieferes Eindringen in die Natur der Dinge selbst, mit dem Ziel, irgendwann schließlich zur absoluten Wirklichkeit durchzudringen. Diese absolute Wirklichkeit, Brahman, muss, da wir Teil derselben sind, auch in uns wirksam sein, wenn man so will: Der Funke des Absoluten strahlt auch in unseren Herzen. Die alten Schriften nennen diesen Funken *Purusha* oder *Atman* und sagen dazu: Atman ist Brahman und Brahman ist Atman. Wir sind eins mit allem, was ist. Um dieses Thema und noch andere spannende Fragen kreisen die ältesten Zeugnisse indischer Philosophie und Spiritualität. Sie sind die eigentlichen *Ursprünge*, aus denen auch der Yoga wuchs. Um sie soll es uns im Folgenden gehen.

4
Ursprünge

Werden alle Blockierungen des Herzens gelöst, noch während ein Mensch auf der Erde lebt, wird ein Sterblicher unsterblich. Dies ist die einzige Lehre der Upanishaden.

Katha Upanishad, indische Weisheitsschrift, 500 v. Chr.

Vom Hören nach innen

Yoga wurzelt in den *Upanishaden,* Indiens ältesten Weisheitsschriften. Niemand kann sagen, wann diese Urtexte der spirituellen Philosophie und Praxis entstanden sind oder wer sie verfasst hat. Der Autor Roberto Calasso schrieb deshalb einmal, es lasse sich kaum etwas Frustrierenderes denken als die indische Geschichte. »Nirgendwo ein fester Grund. Daten und Fakten stets ungewiss. Hier schwanken die Jahrhunderte wie anderswo die Monate.«[14]

»Verfasst« ist eigentlich gar nicht das richtige Wort mit Blick auf diese alten Texte, denn die Upanishaden sind nicht menschlichem Denken entsprungen, sondern gelten als Botschaften des Absoluten oder – wenn man so will – als Offenbarungen. Man nennt sie daher auch *shruti*, das bedeutet *gehört.* Namenlose Weise oder Rishis sollen diese Botschaften vor Tausenden von Jahren im Zustand tiefer Meditation empfangen haben. Es heißt, die Upanishaden brächten ewig gültige Wahrheiten zum Ausdruck, *philosophia perennis,* die den Menschen am Beginn eines jeden neuen Zeitalters aufs Neue überbracht würden. Im Gegensatz dazu sind Texte wie das *Yogasutra* oder die *Bhagavad Gita* und alle anderen spirituellen Texte Indiens lediglich *smriti,* erinnert. Das will sagen, dass sie dem menschlichen, nicht aber unmittelbar »göttlichem« Geist entsprungen sind. Und so tragen sie auch, anders als die Upanishaden, die Namen von Autoren.

Die Upanishaden sind nicht nur die Wurzel des Yoga, sondern übten einen tiefgreifenden Einfluss auf alle spirituellen Strömungen Indiens aus und haben unzählige Menschen in aller Welt inspiriert. Der deutsche Philosoph Arthur Schopenhauer (1788-1860) nannte sie einmal die erhebendste Lektüre, die überhaupt vorstellbar sei.

Die Upanishaden sind Teil jener noch viel größeren Textsammlungen, die man *Veden* nennt. Der Begriff kommt von *vid*, das heißt *sehen, erkennen* oder *wissen,* und zwar nicht nur in einem intellektuellen, sondern vor allem in einem existenziellen Sinn: ein Verstehen aufgrund eigener Erfahrung. Gemeint ist hier die Erfahrung der absoluten Wahrheit, wie sie im Zustand des Samadhi geschehen kann – eine überwältigende Erfahrung, in der jedes Gefühl des Getrenntseins vom Ganzen der Schöpfung als Illusion erkannt wird.

Es gibt vier Veden, und jeweils an ihrem Ende finden sich die Upanishaden. Deshalb nennt man sie auch *Vedanta,* den »Schluss der Veden«, was zugleich den Gipfel des Wissens und der Wahrheit andeuten will. Das Wort *Upanishaden* bedeutet so viel wie »zu Füßen des Lehrers sitzen« und, so mögen wir hinzufügen, seinen weisen Worten lauschen. Der Begriff transportiert damit die Lehrsituation, wie wir sie aus dem traditionellen Yoga kennen: Lehrer und Schüler begegnen sich persönlich, und die Weisheiten werden mündlich und direkt weitergegeben.

Um welche Fragen und Themen geht es dabei? Um nicht weniger als alles, könnte man sagen, nämlich um Fragen wie folgende:

- Was ist das Wesen der Schöpfung?
- Wo kommen wir her?
- Worin liegt der Sinn des Lebens? Was sollen wir hier tun?
- Gibt es einen Gott?
- Was bedeutet der Tod? Existiert er überhaupt?
- Wo werden wir hingehen, wenn wir sterben?
- Was vermag menschlicher Geist zu erkennen?
- Was ist Wirklichkeit, was Illusion?
- Schließlich: Wer bin ich?

Um die großen philosophischen und spirituellen Fragen des Menschseins also geht es in den Upanishaden. Aus unserer individuellen, menschlichen Perspektive geht es vor allem auch um die Frage, was es mit dem Tod auf sich hat und um seine Bedeutung für unser Leben.

Über die Unsterblichkeit der Seele

Einer der bekanntesten Weisheitstexte Indiens ist die *Katha Upanishad.* Sie ist, wie viele Texte der klassischen Kultur Indiens (und ganz ähnlich den Texten der antiken griechischen Philosophie) als Dialog verfasst: Ein Gespräch zwischen Nachiketa, einem Buben mit vielleicht elf oder zwölf Jahren, und Yama, dem Gott des Todes. In diesem Gespräch trotzt Nachiketa dem Herrscher über Leben und Tod das Geheimnis der Unsterblichkeit ab. Und so trägt diese Geschichte sich zu:

Nachiketas Vater, ein Brahmane mit Namen Vajashrava, will ein Ritual abhalten, von dem er sich erhofft, nach seinem Tod in den Himmel zu kommen. Es sei an dieser Stelle erwähnt, dass die indischen Himmelsregionen zwar große Freuden versprechen, nicht aber Unsterblichkeit. Dort verbringen die Menschen, je nach angesammeltem Karma, eine bestimmte Zeit, um dann aufs Neue zu inkarnieren, um die »Schule des Lebens«, wo Freud und Leid unsere ständigen Begleiter sind, weiterzugehen. Vajashrava erhofft die Freuden des Himmels, sucht aber offenbar nicht *Moksha*, vollständige Befreiung, sondern nur eine hoffentlich lange Zeit der Rast nach einem anstrengenden Leben.

Das traditionelle Ritual nun sieht vor, den eigenen Besitz zu verschenken, vor allem die wertvollen Stücke! Vajashrava jedoch versucht, die Götter zu überlisten und will nur die schlechtesten seiner Kühe verschenken: arme, kranke Tiere, die sich kaum noch auf den Beinen halten, geschweige denn Milch geben oder kalben können. Als sein Sohn, trotz seiner Jugend ein außergewöhnlich reifes Wesen, erkennt, was Vajashrava vorhat, ist er entsetzt und fürchtet, sein Vater würde für dies unwahrhaftige Ritual nach seinem Tod nichts außer ein freudloses Dasein erfahren können. Er konfrontiert ihn mit einer Provokation:

»Wem willst Du *mich* opfern, Vater?«, fragt er.

Vajashrava schweigt.

»Sag schon, wem willst Du mich opfern?«, setzt Nachiketa ein zweites und auch ein drittes Mal nach.

Sein Vater fühlt sich bedrängt und wird zornig. Schließlich ruft er aus:

»Dich schicke ich zu Yama, dem Herrn der Unterwelt!«

Uns mag das ein wenig an das bekannte Diktum erinnern: »Geh doch hin, wo der Pfeffer wächst!« Nachiketa jedenfalls, der Brahmanensohn, ist es gewohnt, zu gehorchen. Er nimmt den Wutausbruch seines Vaters wörtlich und macht sich auf den Weg ins Reich des Todes. (Wir erfahren nichts von seiner Reise dorthin.) Als Nachiketa ankommt, ist Yama nicht zu Hause, und seine Diener bitten den Jungen zu warten. Nachiketa ist sehr geduldig und wartet drei ganze Tage und Nächte lang, ohne bewirtet zu werden und auch ohne einen Platz zum Schlafen. Das ist geradezu ein Unding für einen Brahmanen! Ein Umstand zudem, der großes Unglück über den unhöflichen Gastgeber bringen muss – sogar über einen Gastgeber wie Yama, dem Herrn über Leben und Tod, der den Menschen ihr Karma zuweist und darüber entscheidet, ob sie nach ihrem irdischen Leben in himmlischen oder weniger schönen Gefilden ihre Zeit verbringen werden, solange, bis ihr Karma wieder ausgeglichen ist. Als der mächtige Herrscher zurückkommt, bedauert er deshalb den Vorfall. Er bietet Nachiketa an, ihm zum Ausgleich drei Wünsche zu erfüllen. Der Junge willigt ein.

Nachiketas erster Wunsch bezieht sich auf seinen Vater. Er möchte, dass Vajashrava glücklich ist, seinen Zorn loslassen kann und ihn bei seiner Rückkehr wieder in die Arme schließt. Yama gewährt.

Der zweite Wunsch dreht sich um ein geheimes Ritual. Wer es richtig durchzuführen weiß, erlebt eine lange Zeit in den Himmelsregionen – eben das, was Vajashrava sucht. Yama gewährt Nachiketa auch diesen Wunsch und benennt fortan die Zeremonie sogar nach dem Namen des Brahmanensohns.

Schließlich formuliert Nachiketa seinen dritten Wunsch:

»Yama, sag mir dieses: Können wir Menschen die Unsterblichkeit erlangen? Was hat es mit dem Geheimnis des Todes wirklich auf sich?«

Yama weicht aus: »Nachiketa, wünsch dir etwas anderes! Such dir irgendetwas aus: Reichtum, Macht, schöne Frauen, ein langes Leben, was immer du willst! Aber bitte frag mich nicht nach dem Geheimnis von Leben und Tod!« Yama bietet Nachiketa alles an, was Menschen sich nur wünschen könnten und versucht ihn mit allen Mitteln abzubringen von seinem Wissensdurst nach dem Absoluten.

Doch Nachiketa, eine uralte Seele, wie wir vermuten dürfen, insistiert. Alles, was Yama ihm zu bieten hat, ist begrenzt und vergänglich. Nicht einmal der Himmel, den sein Vater sucht, ist dem Jungen genug, denn auch dieser ist, solang er auch andauern mag, letztlich vergänglich. Nachiketa bleibt hartnäckig. Er widersteht allen Versuchungen Yamas. Anders als Faust verkauft er seine Seele nicht. Er will das Höchste. Befreiung. Unsterblichkeit. Ewiges Sein in Freiheit und Glückseligkeit. Und so erkennt Yama, der den Jungen nun geprüft hat, dessen Wahrhaftigkeit und willigt in seinen Wunsch ein. An diesem Punkt nun entfaltet sich ein spirituelles Lehrgespräch. Yama lehrt Nachiketa alles, was er über die absolute Wirklichkeit weiß, über den Sinn des Seins und das Ziel des Menschen.

Vom Guten und Angenehmen

Schon was Yama seinem Schüler gleich zu Beginn seines Unterrichts sagt, widerspricht so gut wie allem, was wohl die meisten von uns denken und leben. Zugleich ist es eine Kernbotschaft aller mystischen Traditionen der Menschheit, Traditionen und Übungswege, die die wichtigsten Wahrheiten des Lebens im eigenen Inneren suchen.[15] Yama eröffnet mit dem Unterschied zwischen *Shreya* und *Preya,* dem Guten und dem Angenehmen:

»Das Gute und das Angenehme sind zwei verschiedene Dinge. Sie dienen unterschiedlichen Zwecken.
Doch letztlich sind beide eine Fessel für den Menschen, wenn auch in unterschiedlicher Hinsicht.«[16]

»Wer das Gute wählt, tut sich etwas Gutes damit, doch wer das Angenehme wählt, verfehlt das Ziel des Lebens.«

»Gute und angenehme Dinge zeigen sich dem Menschen.
Wer weise ist, betrachtet beide genau und unterscheidet.
Er gibt dem Guten den Vorzug vor dem Angenehmen.
Der Dummkopf dagegen wählt immer das,
was ihm angenehm scheint.«

Wenn Yama »gut« und »angenehm« sagt, dann ist das Gegenteil davon – »schlecht« und »unangenehm« – schon mit gesagt. Das eine verdankt seinen logischen Sinn nur der Existenz des anderen. Die Menschen mögen sich immer wieder bemühen, gut zu sein, doch das Schlechte oder Böse wird immer seinen Platz haben in der Welt. Es gehört zur Ganzheit der Schöpfung, zur Dualität der Existenz – eine Wahrheit übrigens, die auch der Bogenschütze Arjuna in der *Bhagavad Gita* in einer überwältigenden, ja unerträglichen Erfahrung des Absoluten erkennen muss. (Von dieser Erfahrung berichtet das Kapitel *Der Wirklichkeit begegnen* in diesem Buch → Seite 111ff.) Und was die angenehmen Dinge des Lebens anlangt: Es ist verständlich, dass wir sie suchen, dennoch bleibt wahr, dass wir unweigerlich immer wieder dem Schmerz begegnen.

Für Yama ist das Streben nach dem Guten viel wertvoller als nur den Freuden des Lebens nachzuhängen. Auf dem richtigen Weg zu sein, muss nicht immer nur angenehm sein. Wenn wir uns bemühen, ehrlich hinzuschauen und Wahrhaftigkeit zu leben, kann das manchmal auch schmerzhaft sein. Einer hedonistischen Lebensauffassung, dem reinen Streben nach Freude und Genuss also, erteilt Yama, der Herr über Leben und Tod, eine komplette Absage. Solche Leute seien schlicht »Dummköpfe«, sagt er. Sie verfehlen ihr Leben.

Für viele von uns mag das der sprichwörtlich starke Tobak sein. Warum zum Beispiel üben wir Yoga? Was suchen wir dort eigentlich? Befriedigung des Egos oder inneres Wachstum? Spaß oder die Verbindung mit dem höheren Selbst? *Bhoga* oder *Yoga?* Es ist sicher heilsam, darüber nachzudenken und sich auseinanderzusetzen mit den eigentlichen Beweggründen unseres Handelns. Warum tun wir, was wir tun? Und jeder kann nur für sich selbst, in Freiheit, diese Frage beantworten.

Der Kluge, sagt jedenfalls Yama, wählt Shreya, nicht Preya. Er wählt den Weg des Guten, des inneren Wachstums und des hilfreichen Wirkens. Doch sogar dies Gute, so der Herr über Leben und Tod, kann zu einer Fessel werden, die uns daran hindert, einst vollkommenes Glück, *Ananda,* zu erlangen.

Jeder Satz der Upanishaden zielt auf die Dimension des Absoluten, auf den Kern unseres Wesens, auf das Licht, das in unseren Herzen brennt. Wenn Yama also vom Guten spricht, hat er nicht zuerst die Ethik im Sinn, sondern den Weg des Menschen zu vollkommener innerer Freiheit. Atman, unser inneres Licht, sagt Yama mit einem Bild, das mich berührt, sei »daumengroß« und wohne in unseren Herzen. Dorthin sollen wir unser Streben lenken, auf das einzige, das ewig lebt – ungeboren und unsterblich. »Wer böse Dinge tut, kann sein inneres Licht nicht finden«, so Yama, also tu das Gute, doch identifiziere dich auch nicht mit deinen guten Handlungen und dessen Wirkungen. Du bist nicht der Handelnde, sondern jenes unsagbare Sein, das dem zusieht, der handelt. Der Handelnde stirbt. Doch das reine Gewahrsein, das du bist, *das* stirbt niemals. Mit diesem verbinde dich. Dies ist das Ziel des Yoga. Solange wir noch anderes suchen, sind wir gebunden an unsere selbst gesetzten Grenzen.

Praxis: In den Herzraum atmen

Ich möchte dieses Kapitel über das Gespräch von Yama und Nachiketa mit einer kleinen Atemmeditation schließen, in der wir in den Raum unseres Herzens atmen. Dabei versuchen wir, die Ein- und

Ausatmung in gleicher Länge geschehen zu lassen. Man nennt das, modern ausgedrückt, *kohärentes* Atmen. In der Sanskrit-Sprache nennt man das *Samavritti*, eine »gleichförmige Aktivität«. So zu atmen hat eine balancierende Wirkung auf das Nervensystem, ein Umstand, der heute auch wissenschaftlich gut dokumentiert ist.[17]

- Setzen Sie sich bequem hin und kommen Sie einen Moment zur Ruhe.
- Bringen Sie Ihre Aufmerksamkeit in den Bereich Ihres Herzens.
- Wenn Ihr Atem seinen natürlichen Rhythmus gefunden hat, atmen Sie ein, als würden Sie in Ihren Herzraum atmen. Sie atmen ein und aus durch Ihr Herz.
- Wenn Sie möchten, nehmen Sie eine einfache Visualisierung mit in die Übung. Stellen Sie sich ein Licht vor, das von Ihrem Herzen in jede Richtung ausstrahlt. Geben Sie dem Licht eine Farbe, die Sie mit der Idee von Heilung verbinden oder mit einem anderen positiven Thema, das Ihnen am Herzen liegt. Sie atmen ins heilende Licht und lassen es in Ihre Umgebung strahlen.
- Nach ein paar Atemzügen beginnen Sie, den Atem zu rhythmisieren: Zählen Sie bei der Einatmung innerlich mit: »einundzwanzig, zweiundzwanzig, dreiundzwanzig, vierundzwanzig, fünfundzwanzig«, dasselbe bei der Ausatmung. Sie atmen also etwa fünf Sekunden lang ein und fünf Sekunden lang aus. Sollte Ihnen das zu langsam oder zu schnell vorkommen, passen Sie den Rhythmus an.
- Üben Sie auf diese Weise fünf bis zehn Minuten.

Die Idee, einen Atemzug etwa zehn Sekunden lang sein zu lassen, also sechs Atemzüge pro Minute zu machen, ist nicht willkürlich. Man hat in vielen wissenschaftlichen Studien festgestellt, dass dieser Rhythmus einen flexiblen Herzschlag trainiert: Es ist ein Zeichen für allgemeine Gesundheit und dafür, dass unser autonomes Nervensystem stressresilient ist.[18]

Jetzt, nachdem wir die berühmteste der Upanishaden zum Thema hatten, ein Gespräch über die Unsterblichkeit der Seele, wenden wir uns dem wohl kürzesten Weisheitstext der Upanishaden zu, der *Mandukya-Upanishad.* Aus ihrer Kürze sollten wir nicht auf eine geringe Bedeutung oder geringen Gehalt schließen, denn das Gegenteil ist der Fall, wie wir sehen werden …

Wachen, träumen, schlafen und was jenseits davon liegt

Würden wir nur eine einzige der Upanishaden studieren wollen, solle dies die *Mandukya* sein. Dieser Rat kommt von Shri Shankaracharya – kurz Shankara – jenem spirituellen Genius aus dem Indien des 8. Jahrhunderts, der, obwohl er nur 32 Jahre alt wurde, ein gigantisches Werk hinterließ, darunter auch eine Zusammenfassung der bedeutendsten Upanishaden.[19] Die *Mandukya* ist mit ihren zwölf Versen nicht nur eine der wichtigsten, sondern auch eine der kürzesten unter den Upanishaden. Dennoch ist ihre Tiefe letztlich unauslotbar, steckt sie doch ein Feld ab, das von der Schöpfung des Kosmos über die Bewusstseinszustände des Menschen bis hin zu dessen ultimativem Ziel reicht. Die *Mandukya* beginnt mit dem Satz:

> »Das ganze All ist die Silbe AUM.«[20]

Alles, was existiert, das gesamte Universum also, will der Text uns sagen, ist schwingende, klingende Energie. Doch die Mandukya geht noch weiter, begreift sie doch auch die Zeit letztlich als Vibration:

»Vergangenheit, Gegenwart und Zukunft,
alles ist in Wahrheit AUM.«

Vor Tausenden von Jahren formulierten die *Rishis* oder Seher, basierend auf ihren inneren Erfahrungen, Ideen, die uns an die moderne Physik erinnern, dass nämlich der Kosmos eine vibrierende, energetische Ganzheit ist und dass Raum, Materie und Zeit untrennbare Einheiten sind – wir sprechen heute sogar von Raumzeit, weil eines ohne das andere nicht sein kann.

Und was war, bevor dies alles war? Was war *vor* Raum und Zeit? Schon die Frage funktioniert nicht mehr recht, weil sie ohne ein »Was« und »Bevor« – ohne ein Ding und die Zeit also – nicht auskommt. Fragen wir trotzdem: Was war, bevor alles war, was ist? Oder anders gefragt: Was liegt jenseits von alldem? Die *Mandukya* sagt:

»Was jenseits davon liegt, auch das ist AUM.«

In der Schwingung, die die alten Seher als AUM wahrnahmen – die, so könnten wir es uns vorstellen, die Physik heute als den Nachhall des Urknalls hört –, liegen Ursprung und Quelle von allem, was ist. Hier münden moderne Wissenschaft und Jahrtausende alte Erkenntnisse aus der Innenschau des Menschen in denselben Strom. Die *Mandukya* fährt fort:

»Alles, was existiert, ist Brahman.«

Also ist auch Brahman AUM, Schwingung oder Kraft, wenn man so will: Das Weltall ist »Gottes Lied«. Wen wundert es da, dass Musik wie kaum eine andere kulturelle Errungenschaft tief in unser Herz einzudringen vermag.

»Und Atman ist ebenso Brahman.«

Atman, das Licht in unseren Herzen, ist eins mit Brahman. Der Mensch und alles Sein ist wesens- und umfangsgleich mit dem Ganzen der Schöpfung. Wer sich für »kleiner« hält, ist spirituell betrachtet »verwirrt« – so ähnlich sagte es einmal der bereits erwähnte Psychiater Stanislav Grof, der die Methode des holotropen Atmens entwickelte, um die Menschen in Richtung von Ganzheit zu führen und sie ihr uranfängliches Sein wieder erfahren zu lassen. Hatha-Yogis üben sich ebenfalls im bewussten Atmen, Pranayama, um ihre spirituelle Essenz zu entdecken.

Aller Schmerz der Welt, so lehren uns die Upanishaden, kommt aus dem Nichtwissen um diese tiefste Wahrheit des Seins, dass alles eins mit allem ist. Doch irgendwann haben wir vergessen, dass wir eins sind mit Allem-was-Ist. Wir spüren es nicht mehr, fühlen uns getrennt, vertrieben aus dem Garten Eden. Deshalb tut das Leben oft weh. Doch wir können es wiederentdecken, können uns wiedererinnern. Ein anderes Wort dafür in unserer Sprache lautet *Selbstverwirklichung*. Sie ist das Ziel des Yoga. Und ein Schlüssel dazu ist – wie könnte es anders sein? – der Klang AUM ... der Brahman ist ... der Atman ist ... unser Bewusstsein. AUM (oder in der Kurzform OM) ist für die alten Seher so zentral und umfassend, dass Yama zu Nachiketa sagt, es sei die Zusammenfassung und Quintessenz aller Upanishaden.

Die Mandukya kommt nun auf die unterschiedlichen Bewusstseinszustände des Menschen zu sprechen und verbindet sie mit AUM:

> »Atman hat vier Aspekte.«

Drei dieser Aspekte Atmans, unseres Bewusstseins, sind uns wohl vertraut. Wir nennen sie Wachen, Träumen und Schlafen. »Wohl vertraut« ist natürlich eine glatte Übertreibung, denn wieviel davon erleben wir vollbewusst, besonders wenn es um den Traumzustand und traumlosen Tiefschlaf geht? Immerhin: Wir wissen, dass unser Leben sich im Wechsel von Wachen, Träumen und Schlafen vollzieht. Doch jenseits davon gibt es noch einen weiteren – ganz und gar unsagbaren – Zustand unseres Bewusstseins, die Mandukya nennt ihn schlicht *Turiya,* den »vierten Zustand«.

Im Folgenden nun verbindet die Mandukya die Idee AUM mit den Bewusstseinszuständen des Wachens, Träumens und Schlafens und führt uns schließlich über diese hinaus zu Turiya …

Wir sind ein Teil von *Allem-was-Ist,* geschaffen aus Klang-Licht-Energie. Doch warum auch immer, die ursprüngliche Ganzheit unseres Wesens ist zersplittert. Atman, sagt die Mandukya, zeigt sich uns in vier Facetten. Drei davon repräsentieren jeweils nur einen Ausschnitt unserer Ganzheit. Der vierte jedoch transzendiert die drei anderen und verbindet uns wieder mit ihr … die Stille nach AUM …

A, U und M

Das A in AUM steht für *Vaishvanara,* unseren Wachzustand. Dies ist der uns vertrauteste Aspekt von Atman. Die Mandukya sagt darüber:

> »Wer den Wachzustand versteht, verwirklicht alle seine Wünsche und wird Erster unter den Menschen.«

Ist es nicht tatsächlich so, dass derjenige, der die Spielregeln in dieser physischen Welt am besten beherrscht, auch am weitesten kommt, am meisten *Name & Fame* ernten kann? Die moderne Zivilisation, dass allein der Wachzustand die Wirklichkeit spiegele.

Das U in AUM, *Taijasa,* der Traumzustand, genießt in unserer Kultur hingegen nicht den Ruf, ein Reich zu sein, in dem tiefere Wahrheiten auf uns warten. »Das war nur ein Traum!«, also unwirklich. Das sieht die Mandukya anders, wenn sie uns sagt, dass diejenigen, die den Traumzustand beherrschen, »große Weisheit und die Achtung aller Menschen« erlangen. Das war in schamanischen Kulturen tatsächlich so: Sie begaben sich in Trance und erkundeten mir ihrem Traumkörper die weiten Landschaften des Unbewussten. Wenn sie zurückkamen von ihren Reisen ins Innere, brachten sie wichtige Informationen mit, Rezepte für Heiltränke, Inspirationen für das Handeln der Menschen und Rat in schwierigen Lebensfragen. In diesem Sinne waren auch die alten Rishis Schamanen, die von inneren Entdeckungsreisen Botschaften mitbrachten. Besonders die Yogis in Tibet betrachten Traumarbeit als ein mächtiges Tor zum inneren Frieden. Doch die Weisheit des bewussten Träumens gilt den meisten modernen Menschen nicht mehr viel. Wurden wir etwa in der Schule gelehrt, auf unsere Träume zu achten, uns an sie zu erinnern und sie wertzuschätzen? Wir träumen jede Nacht mehrere Stunden, unser Leben lang – das sind Jahre unseres Lebens, in denen wir durch Traumlandschaften streifen … Sollten wir diese Zeit unserer Träume nur als »Schäume« deuten? Oder wohnt ihnen Wirklichkeit inne? Ein abschließender Gedanke dazu: In der Zeit, in der wir träumen, ist der Traum die einzige Wirklichkeit, die für uns existiert …

Der traumlose tiefe Schlaf, von dem die Mandukya dann spricht, gilt uns noch viel weniger als ein Ort der Weisheit. Genauso nämlich nennt die Mandukya diesen Zustand: *Prajna,* Weisheit. Das M in AUM steht dafür. Er sei das »Maß und das Ziel«. In diesem mächtigen Zustand geht unser Bewusstsein jede Nacht nach Hause zu der Quelle, aus der es kommt. Die Glückseligkeit, die wir im Tiefschlaf erfahren, lässt uns morgens frisch und ausgeruht erwachen. Doch erinnern wir uns daran, was wir im Zustand des Tiefschlafs erfahren haben?

Wir betreten dieses Reich jede Nacht völlig unbewusst. Könnten wir dieses wundersame Land der Stille doch bewusst erfahren, so würden wir erleben, was jenseits von AUM liegt, jenseits von *Allem-was-Ist*: Turiya, »den vierten Zustand«. Es ist ein Wort für Yoga. Für Moksha oder Befreiung. Für Kaivalya, die totale Losgelöstheit. Turiya ist das Ende des Zersplittertseins unseres Geistes und das Eintauchen in die uranfängliche Einheit. Die Yogis sagen auch *Laya* dazu, die Auflösung; oder *Nirvana,* das Verlöschen. Was sich hier auflöst, ist nicht unsere Existenz, sondern sind lediglich unsere Selbst-Begrenzungen. Wir erfahren, dass wir nicht limitiert sind durch Körper und Ego, Raum und Zeit. In Turiya gehen wir über alles das hinaus. Ein paar Augenblicke lang betreten wir transpersonale Erfahrungsräume, befreit von den engen Fesseln unseres Alltags-Erlebens. Moksha, die Befreiung, ist deshalb ein passender Begriff dafür. Im normalen Wachzustand – aus Sicht des Yoga nur der sprichwörtliche »ganz normale Wahnsinn« – verkaufen wir uns sozusagen zu billig und verwirklichen nicht das ganze Potenzial unserer Erlebnisfähigkeit.

Der vierte Zustand

Was nun erfährt ein Mensch in Turiya, der Transzendenz aller Selbst-Begrenzungen, ein Mensch, den die alten Schriften *Jiva-Mukti* nennen, eine befreite Seele? Die *Mandukya* sagt:

> »Der vierte Zustand ist die Stille nach AUM.
> Sie kann nicht vom Verstand oder den Sinnen
> erfasst werden.«

Wenn es darum geht, zu beschreiben, wie es ist, solche Transzendenz zu erfahren, gingen den Menschen zu allen Zeiten die Worte aus, weil unsere Worte und Gedanken eben Kinder der Selbst-Begrenzung sind: geboren aus der Dualität, funktionierend nur in Zeit und Raum, doch ungeeignet, darüber hinauszugehen. Wo Menschen es versucht haben, wurden sie zu Poeten und sprachen in Paradoxien. In der *Bhagavad Gita* zum Beispiel versucht Krishna immer wieder, ein Bild des Menschen zu zeichnen, der den absoluten Zustand erreicht hat: »Wer es erfahren hat«, so Krishna, »hat keine Fragen mehr«, und: »Wer zum Zeitpunkt des Todes in diesem Gewahrsein lebt, wird eins mit Gott.« Endgültige, nicht nur temporäre Befreiung *kann* im Moment des physischen Todes erlangt werden. Insofern lässt sich der Weg des Yoga auch als eine Vorbereitung auf diesen großen Moment verstehen: Das Leben als ein Weg der Vorbereitung auf diesen Moment und die Möglichkeiten, die ihm innewohnen. Hier noch ein schöner Satz aus der Gita über Yoga oder Turiya:

> »Wer im Bewusstseinszustand des Yoga ist und
> die Verbundenheit allen Seins erkennt, der sieht,
> dass sein inneres Licht in allen Wesen leuchtet
> und das Licht aller Wesen in ihm selbst.«

Wie wach sind wir?

Ich möchte noch einmal auf die uns »vertrauten« Zustände des Bewusstseins zurückkommen, in der Mandukya von den Klängen A, U und M repräsentiert: Wie wach sind wir wirklich, um sie *vertraut* zu nennen? Die populäre Idee der Achtsamkeit bezieht sich für die meisten doch »nur« auf das A, den Zustand des Wachbewusstseins, in dem wir uns in unterschiedlichen Graden von Wachheit etwa 16 Stunden am Tag befinden. Doch wie viele Momente totaler Wachheit, vollkommener Präsenz erleben wir da? Mit Übung mögen wir immer mehr Bewusstheit in unsere Tage bringen, das ist ein wichtiges Ziel des Yoga und eine Lebensaufgabe dazu. Und doch gibt es noch so viel mehr.

Wie wach sind wir im Traum? Obgleich wir fünf Traumzyklen pro Nacht haben, erinnern viele von uns sich kaum daran, wohl weil wir ihnen wenig Bedeutung zumessen. In unserer Kultur scheint das Träumen nicht wichtig zu sein. Wer aber schon einmal einen Traum wachbewusst erlebt hat – sich während des Träumens also ganz der Tatsache bewusst war, sich in einer Traumumgebung aufzuhalten, verbunden mit der Freiheit, selbstbestimmt den Traum mitzugestalten – der weiß, wieviel Wachheit man in das U hineintragen kann. Die alten Yogis übten sich darin, die Wachheit auch nachts zu üben, in einer Praxis, die man Traum-Yoga nennt. Tibetische Yogis stellen sich beim Einschlafen ein rotes A im Kehlkopf vor, denn energetisch werden die Klänge von AUM mit dem Augenbrauenzentrum (A), dem Kehlkopf (U) und dem Herzzentrum (M) assoziiert. Das Wachbewusstsein (A) wird durch diese Übung also in den Traum (U) getragen. Unendliche Möglichkeiten liegen dort verborgen!

Doch wo sich luzides oder wachbewusstes Träumen, ein faszinierendes Erlebnis, noch vergleichsweise einfach trainieren lässt, wenn man nur genügend mentale Energie aufbringt, ist das im Fall des tiefen Schlafes eine besondere Herausforderung. Die Praxis des *Yoga Nidra* versucht genau das: wachbewusst in die Leere des Tiefschlafes einzutauchen. Und was geschieht, wenn uns das gelingt? In den Worten des Yoga Vasishta, eines umfangreichen Werkes aus der Tradition des *Advaita Vedanta:*

> »Alle Träume enden im tiefen Schlaf,
> der tiefe Schlaf endet in Samadhi.«

Die Mandukya beschreibt diesen Vorgang als beglückend und erleuchtend, ein Sein, das die drei Zustände von AUM überschreitet. Nicht greifbar, nicht fassbar. Das Aufgehen des Bewusstseins in der All-Einheit des Seins. Der letzte Vers der *Mandukya* lautet:

> »Das ganze All löst sich auf darin.
> Es ist ein glückseliger Zustand, unvergleichlich.
> Wer AUM erkennt, dehnt sich aus
> in kosmisches Bewusstsein.«

Die Kernidee der *Mandukya* liegt für mich darin, dass der Blick auf die Wirklichkeit, wie wir ihn im Rahmen der normalen Wahrnehmungsmodalitäten unseres Geistes haben, verengt und unvollständig ist. Mit den physischen Sinnen lässt sich die Wirklichkeit nur bruchstückhaft erfassen. Tiefere Bewusstseinszustände, wie zum Beispiel der Traum, zumal dann, wenn er wachbewusst erlebt wird, mögen uns zwar weitere Facetten der Wirklichkeit zugänglich machen, unterliegen jedoch ebenfalls inhärenten Grenzen. Erst jenseits des tiefsten Zustandes überhaupt, im traumlosen Tiefschlaf, in dem wir die Leere erfahren, wie Patanjali sagt,[21] sieht die *Mandukya* das Tor zur Wirklichkeit. Im Grunde, so können wir sagen, blicken wir die ganze Zeit nur durch einen Schleier in die Welt, erleben sie nur verschwommen und begreifen sie nie vollumfänglich. Dies Wissen um das eigene Nichtwissen im Angesicht der Schöpfung und des Seins sollte uns doch demütig machen.

Dass zwischen uns und der Wirklichkeit Schleier liegen: Diese Idee entfaltet auch die *Taittiriya Upanishad,* der die Yogis das Konzept der *Koshas* oder Hüllen des Seins verdanken. Um diese soll es im Folgenden gehen.

Die Verschleierung der Wirklichkeit

Die *Taittiriya Upanishad* versucht nicht weniger, als uns ein vollständiges Modell vom Menschen zu geben, eine yogische Anthropologie gewissermaßen, die alle uns bekannten Facetten des Menschseins einzuschließen versucht. Dabei geht sie über das hinaus, was das Abendland an anthropologischen Entwürfen innerhalb der letzten zweieinhalb Jahrtausende hervorgebracht hat. Dies jedenfalls insoweit es die philosophische Anthropologie betrifft, die nach dem Tod von Sokrates formuliert wurde. Ihm nämlich ging es – hierin dem östlichen Denken ganz ähnlich – um die Unsterblichkeit unserer spirituellen Essenz. Davon war er so überzeugt, dass er seinen Freunden noch im Angesicht des eigenen Sterbens (während er nämlich auf das Einsetzen der Wirkung des Schierlingsgiftes wartete, das er als zum Tode Verurteilter einnehmen musste) eine Unterweisung über die Unsterblichkeit der Seele gab.[22]

Die *Taittiriya* beschreibt den Menschen als ein physisches Wesen, in dem verschiedene geistige oder psychologische Dimensionen – der *innere Raum*, wie ich es gern nenne – wohnen. Äußerer Körper und innerer Raum sind dabei verbunden durch den *Energiekörper.* Diesen sollte die Tradition des Hatha Yoga später mit großem Detailreichtum beschreiben, und sie entwickelte eine Vielzahl von Übungen, um ihn gesund zu erhalten. Pranayama nimmt unter diesen Methoden einen zentralen Stellenwert ein. Man sah im bewussten Atmen – eine Funktion, die dem Energiekörper zugeschrieben wird – einen Weg, den physischen Körper mit dem inneren Raum in harmonische Verbindung zu bringen und damit den Menschen als Ganzes gesund zu erhalten. Doch Pranayama will noch viel mehr als »nur« Gesundheit: Vor allem ist sie eine Praxis, die mithilfe des Atems unseren Geist in die Stille führen möchte, damit wir schließlich ins Innerste unseres Wesens vordringen können, wenn man so will: Uns als die Seele, die wir sind, selbst zu erfahren …

Die fünf Hüllen des Menschen

Die *Taittiriya* beschreibt fünf *Koshas,* Hüllen oder Schichten. Manchmal wird das Wort auch mit *Körper* übersetzt.

Die äußerste und uns am leichtesten zugängliche Hülle ist unser physischer Körper, *Annamaya-Kosha*, das heißt wörtlich *Nahrungskörper.* Die Bezeichnung macht deutlich, dass der physische Körper aus der Nahrung aufgebaut wird, die wir aufnehmen. (Hieraus lässt sich indirekt natürlich auch ableiten, welch große Bedeutung man einer gesunden Ernährung bereits vor Jahrtausenden beigemessen haben muss.)

Neben diesem äußeren Körper aus Fleisch und Blut gibt es nun mehrere innere Körper. Zwei davon, *Manomaya-Kosha* und *Vijnanamaya-Kosha,* bezeichnen uns vertraute Aspekte unseres Wesens, nämlich unsere emotionale und intellektuelle Seite. Wir könnten vom *Emotional-* und *Mentalkörper* sprechen. Für den dritten Aspekt unseres inneren Raumes indes steht ein Begriff, den unsere

Kultur nicht kennt: *Anandamaya-Kosha*, der *Glückseligkeitskörper.* Dieser Teil unseres Wesens steht dem unsagbaren Kern des Seins, Atman oder Purusha, sehr nahe, daher muss die Glückseligkeit rühren, die wir in manchen Momenten tiefer Meditation erfahren können, wenn wir die Wahrnehmung des physischen Körpers ebenso hinter uns gelassen haben, wie das unablässige innere Murmeln von Gedanken und Emotionen.

Physischer Körper und innerer Raum stehen durch *Pranamaya-Kosha*, den *Prana-* oder *Energiekörper,* miteinander in Verbindung. »Verbindung« ist dabei kein wirklich passendes Wort, ist es doch eher wie mit einem Schwamm und dem Wasser: Das Wasser ist im Inneren des Schwamms, diesen ganz und gar *durchdringend.* Deshalb ist eine bildliche Darstellung der Koshas in der Regel auch kein sehr befriedigendes Unterfangen: Meist werden die Hüllen gezeichnet wie die Schichten einer Zwiebel oder wie die berühmte Puppe Piroschka. Dies suggeriert eine räumliche Struktur, die der gegenseitigen Durchdringung der Aspekte unseres Wesens nicht gerecht wird. Und es vermittelt die Idee, dass die Koshas von außen nach innen immer kleiner würden, dabei ist es, wenn wir schon von *klein* und *groß* sprechen, umgekehrt: Je feiner, je innerlicher die Struktur des Menschen, umso raumgreifender wird sie auch. Der Energiekörper ist ausgedehnter als der physische; und Geist kennt keinerlei räumliche Grenzen. Völlig versagen unsere von Raum und Zeit geprägten Begriffe, wenn es um unsere spirituelle Essenz geht. Wie in allen Upanishaden und yogischen Wegen ist das Erfahren dieser Essenz aber das Ziel des Weges: Jenseits von Materie, Raum und Zeit liegt die Wirklichkeit, aus der diese – und damit also auch wir – kommen. Anders kann es gar nicht sein, denn nichts kann sich selbst aus sich selbst heraus erschaffen. Es muss etwas selbst Unerschaffenes geben, das über alles hinausgeht, was den Gesetzen von Materie, Raum und Zeit unterworfen ist – eine Wirklichkeit jenseits davon …

Oben habe ich ausgeführt, dass das Modell der Koshas uns ein vollständiges Modell vom Menschen geben würde. Diese Aussage ist, genau besehen, nicht ganz richtig. Richtig ist sie zwar insofern, als die Koshas uns den Menschen präsentieren, wie wir ihn kennen (oder zu kennen meinen): Wir alle haben einen Körper und sind mehr oder weniger vertraut mit unserem inneren Raum, also mit unseren Gefühlen und Gedanken. Doch der Begriff *Kosha,* die Hülle, will sagen, dass alles das eben nur Verhüllungen oder Verschleierungen unseres tieferen Wesens sind: Die Koshas beschreiben, was wir *Person* nennen können, also unseren Körper, die in ihm wirkenden Kräfte sowie die mentalen Aspekte in uns, also Gefühle und Gedanken. Zugleich aber verbergen sie Atman.

Aus der Perspektive unseres spirituellen Kerns stehen die Koshas damit für alles Veränderliche und Vergängliche an uns, für Körper, Atem, Gefühle, Gedanken und so weiter. Die Identifikation mit diesen personalen Aspekten nennt die Yogaphilosophie *Avidya,* spirituelle Blindheit. Solange wir uns mit diesen Hüllen identifizieren – solange wir also denken, wir seien ein Bündel aus Körper, Gefühlen und Gedanken –, können wir unser tiefstes Wesen nicht schauen und werden immer wieder Leid erfahren.

Der physische Körper

Mit der ersten dieser Hüllen, dem physischen Körper, identifizieren wir uns ganz besonders, ob uns das nun bewusst ist oder nicht. Annamayakosha, das haben wir gesagt, heißt *Nahrungskörper.* Als biologisches Wesen *sind* wir in diesem Bild ganz wörtlich, was wir essen.

Die *Taittiriya-Upanishad* bezeichnet Nahrung sogar als die beste Medizin. Implizit steckt darin natürlich auch die Möglichkeit, dass Nahrung Gift für uns sein kann, auch wenn das nicht zum Thema gemacht wird. Wir dürfen annehmen, dass den alten Yogis nicht vorstellbar war, dass moderne Zivilisationsmenschen sich einst mit Nahrungsmitteln ernähren würden, die so denaturiert sind wie das heute oft der Fall ist.

Wo bin ich?

Wenn wir »Ich« sagen und dabei mit der flachen Hand den »Ort« berühren, wo unser Ich »wohnt«, so ist dies bei den meisten die Mitte der Brust. »In meinem Körper bin ich!« Mehr noch: »Ich *bin* mein Körper!«

> „Alle lebenden Wesen dieser Welt
> sind wahrlich geboren aus Nahrung;
> auch bleiben sie am Leben allein durch Nahrung;
> und genauso werden sie am Ende selbst wieder zu Nahrung.
> Nahrung ist wahrlich das erste …
> Deshalb heißt es, dass sie die Medizin aller ist …
> Sie ist das universale Heilmittel."
>
> Taittiriya Upanishad

Und diesem vor allem gilt unsere ganze Aufmerksamkeit. Wer von uns vermag sich selbst oder seinen Nächsten sich auch schon als einen »Nicht-Körper« vorzustellen? In der Welt treten wir einander gegenüber im Verkörpertsein. Wir können einander gar nicht anders denken oder miteinander in Verbindung treten als in unserer Körperlichkeit. Dennoch werden die alten Schriften nicht müde zu betonen, dass die Identifikation mit unserem Körper das eigentliche Haupthindernis auf dem Weg zur Selbsterkenntnis darstellt. Irritierend mag in unseren Ohren klingen, wenn zum Beispiel der Weise Sri Ramakrishna, der »Weise vom Berg Arunachala« sagt, dass eine meditative Gipfelerfahrung, Samadhi, nicht möglich ist, solange noch auch nur das geringste Körpergewahrsein existiert. Ganz richtig sagt daher auch Swami Kuvalyananda, der Gründer des *Kaivalyadham Instituts* in Indien, dass die Meditationshaltungen im Yoga das Ziel haben, jede Wahrnehmung des Körpers zur Ruhe zu bringen. Wird der Körper nicht mehr gefühlt, die erste Hülle also »losgelassen«, können wir in die tieferen Schichten unseres Wesens eindringen, befreit von der primären Identifikation mit unserer Physis. Wohl gemerkt: Hier ist nicht die Rede vom physischen Tod, sondern von Erfahrungen, die wir noch in diesem Leben hier auf der Erde machen können. Eben davon handeln zahllose Texte, wie das *Yogasutra*, die *Bhagavad Gita*, die Schriften der *Sankhya*-Philosophie oder die *Upanishaden*. »Du bist Das!« sagen sie uns alle. Was immer auch *Das* sein mag: Es ist *nicht* unser Körper!

Weil dies ein so zentraler Gedanke im Kontext unseres Themas ist, will ich im Kapitel *Erfahrungen* (→ Seite 134) etwas von meinen persönlichen Erlebnissen mitteilen, die ich machen durfte auf der Suche nach einer persönlichen Antwort auf die Frage: »Ist es wahr, dass ich nicht mein Körper bin?“«

Der Energiekörper

Wenn ein Mensch in den letzten Zügen seines Lebens liegt, ringt er meist um seinen Atem. Viele Male schon habe ich das miterlebt: Der Atem wird immer unrhythmischer, härter und angestrengter. Die Abstände zwischen Ein- und Ausatmung werden immer länger, die einzelnen Atemzüge immer größer. Schließlich kommt eine letzte Ausatmung, auf die keine Einatmung mehr folgt: Etwas ist gegangen. Entwichen. Der Atem ist der *Träger des (biologischen) Lebens*, und so sagen wir treffend, dass jemand sein Leben *ausgehaucht* hat, um zum Ausdruck zu bringen, dass er gestorben ist. Das Offensichtlichste am physischen Tod ist eben die Abwesenheit des Atems. Stille.

Prana, der Atem oder die Kraft, die uns belebt, bildet auch die Brücke zwischen Körper und Geist: Jeder physische oder mentale Zustand korrespondiert mit einer ihm eigenen Atmung. Der bewusste Umgang mit ihm führt deshalb umgekehrt zu Veränderungen in unseren mentalen Befindlichkeiten. In dieser heute auch wissenschaftlich dokumentierten Erkenntnis gründet die gesamte Atemarbeit des Yoga.[23]

> »Das Wissen über Prana ist das große Wissen.
> Wer es hat, erkennt die Wirklichkeit.«
>
> Yoga Chudamani Upanishad

Prana, die Lebensenergie, haben nicht allein die Yogis Indiens entdeckt. Eine Vielzahl von Kulturen suchte seit jeher den Kontakt mit dieser uns belebenden Kraft. In Indien nennt man Prana *Chi*, in Japan *Ki*. Jesus nannte die Lebensenergie in seiner aramäischen Muttersprache *Ruha*. Es bedeutet zugleich *Leben* und spiegelt damit die enge Verbindung von Atem und Leben wider. Im *Pranayama* schlägt sich auf konkrete Weise die yogische Vorstellung des Energie- oder Pranakörpers nieder. Vereinfacht gesagt wird *Pranamaya-Kosha*, unser Energiekörper, aus drei Grundstrukturen gebildet, die ich *Ströme, Zentren* und *Felder* nenne. In der Sanskritsprache nennt man sie *Nadis, Chakras* und *Vayus*. Wir sehen sie uns kurz an:

> »Neben dem Körper, der aus der Essenz der Nahrung gemacht ist, gibt es ein weiteres, inneres Selbst, das aus Vitalenergie besteht … Es hat, wie der Nahrungskörper, die Gestalt eines Menschen.«
>
> Taittiriya Upanishad

Ströme – Nadis

Nadi bedeutet Strom oder Fluss und bezeichnet die Wege oder Kanäle, auf denen Prana uns durchflutet. Die Schriften sprechen meist von 72.000, manchmal werden auch 320.000 oder sogar Abermillionen Nadis genannt.[24] Wer hat sie wohl gezählt? Es müssen jedenfalls viele sein.

In modernen Texten werden die Nadis manchmal als Nerven oder sogar Blutgefäße interpretiert. Aus der Perspektive des Ayurveda, der traditionellen indischen Medizin, trifft das auch zu: Da ist ein Nadi eine röhrenförmige Struktur im Inneren des Körpers. Doch im Kontext des Yoga sind Nadis – wie der gesamte Pranakörper – nicht materiell oder physisch. Man kann sie nicht sehen, anfassen, wiegen oder messen. Wir mögen sie uns als energetische Strukturen vorstellen, den physischen vorgelagert, sozusagen die »feinstoffliche« Voraussetzung, der das Nervensystem und andere Strukturen ihre Existenz verdanken.

Eines der wichtigsten Ziele im Yoga ist es, das freie und ausgeglichene Fließen der Energie in den Nadis zu fördern, damit wir Gesundheit erfahren und unser ganzes Potenzial als Menschen entfalten können. Krankheit wird folglich als eine Störung, Blockade oder Dysbalance im Energiefluss begriffen. Asanas, Pranayama und Meditation sollen die Nadis reinigen und das freie Fließen von Prana gewährleisten.

> »Viele Leute denken, die Nadis seien nichts anderes als die Nerven (und oft auch Blutgefäße) des physischen Körpers. Das ist ganz sicher nicht, was der Begriff ›Nadi‹ meint.«
>
> Swami Satyananda Saraswati

Ida, Pingala und Sushumna

Zum Glück müssen wir uns in der Praxis nicht mit Tausenden von Nadis beschäftigen, sondern im Grunde nur mit zweien: Sie heißen *Ida* und *Pingala* und verlaufen auf der linken und rechten Seite der Wirbelsäule. Sie repräsentieren unsere stille, mentale und »weibliche« Natur einerseits und das nach außen gerichtete, aktive, »männliche« Prinzip andererseits. Der Mond ist das Symbol Idas, die Sonne steht für Pingala. Yoga sucht die Reinigung und energetische Balance dieser beiden Hauptströme. Praktisch spiegelt sich das beispielsweise im *Nadi-Shodana-Pranayama*, der Wechselatmung zur Reinigung der Nadis. Sind Ida und Pingala gereinigt und ausbalanciert, kann *Sushumna*, der dritte wichtige Strom im Zentrum unserer Wirbelsäule, frei fließen. Den Pranastrom in diese Mitte zu leiten ist ein wichtiges Ziel yogischer Atemarbeit.

Zentren – Chakras

Wo mehrere Nadis sich kreuzen, bilden sich energetische »Verkehrsknotenpunkte«, die man *Chakras* nennt. Chakras sind Zentren von Energie, und es gibt zahllose von ihnen. Im Grunde kann man sagen, dass sogar jede Pore unseres Körpers ein Energiezentrum ist.[25] Doch nur sieben entlang unserer Wirbelsäule spielen im Yoga eine Rolle. Sie stehen für die wichtigen Themen des Menschseins, beginnend beim physischen Überleben bis hin zur spirituellen Selbstverwirklichung.[26]

> »Was auch existiert, Götter, Menschen oder Tiere:
> Alle brauchen Prana, um leben zu können.
> Prana ist die Lebenskraft aller Wesen,
> deshalb gilt es als universelles Leben …
> Man nennt es das Leben des Lebens.«
>
> Taittiriya Upanishad

Die Chakras sind keine Kuriosität indischer Philosophie, sondern eine menschliche Realität, die viele Kulturen entdeckt und beschrieben haben, auch unsere eigene: Der Mystiker Jakob Böhme zum Beispiel sprach im 17. Jahrhundert von »Rädern« (das ist übrigens auch das, was das Wort *Chakra* bedeutet: Rad oder Wirbel), und sein Schüler, der Regensburger Mystiker Johann Georg Gichtel, beschrieb den Energiekörper als *inneren Körper* des Menschen. Beide wurden von der römischen Inquisition mit Argusaugen verfolgt.

Die Lehre von den Chakras ist umfassend und weist physische, energetische und psychologische Bezüge auf. Sie beinhaltet einen großen Reichtum an Bildern, Symbolen und Ideen, die von tiefen esoterischen Metaphern bis hin zu physisch-konkreten Themen reichen. Ich beabsichtige hier nicht, tief in diese komplexe Bilder- und Symbolwelt einzutauchen, das ist an anderer Stelle ausführlich geschehen.[27] Stattdessen möchte ich Sie einladen, eine einfache Atempraxis zu versuchen, die sich den Energiezentren spürend zuwendet.

Praxis: In die Energiezentren atmen

- Setzen Sie sich bequem hin und kommen Sie einen Moment zur Ruhe.
- Bringen Sie Ihre Aufmerksamkeit zum Atem. Erlauben Sie dem Atem während der ganzen Praxis so zu sein, wie er in diesem Moment sein will.
- Nach ein, zwei Minuten bringen Sie Ihre Aufmerksamkeit zum Beckenboden, genauer: zum Perineum oder Damm, der zwischen Anus und Geschlechtsorganen liegt – das erste Chakra, Muladhara. Atmen Sie so, als würden Sie durch diesen Bereich Ihres Körpers ein- und ausatmen. Entspannen Sie sich dabei in jede Ausatmung hinein.
- Nach ein paar Atemzügen verlagern Sie Ihre Aufmerksamkeit etwas weiter nach oben, auf Höhe von Kreuzbein und Sexualorganen – das zweite Chakra, Svadhistana. Atmen Sie so, als würden Sie durch diesen Teil Ihres Körpers ein- und ausatmen können. Atmen Sie durch Ihr zweites Energiezentrum.
- Nach einigen Atemzügen kommen Sie zum Bauchnabel – ihrem dritten Chakra, Manipura. Atmen Sie, als würden Sie durch den Bauchnabel ein- und ausatmen. Machen Sie so ein paar Atemzüge.
- So üben Sie weiter: Ein paar Atemzüge in den Herzraum, Anahata, das vierte Energiezentrum; dann durch den Kehlkopf, Vishudda, das fünfte Zentrum; danach durch den Punkt zwischen den Augenbrauen, Ajna, das sechste Chakra; schließlich atmen Sie durch die Krone des Kopfes ein und aus, Sahasrara, das Kronenchakra.
- Beenden Sie die Praxis, indem Sie noch ein paar Atemzüge durch Ihre Mitte machen, das vierte Energiezentrum, Ihr Herzraum.

Felder – Vayus

In Folgenden möchte ich etwas näher auf die Vayus oder »Winde« eingehen: Dies sind größere energetische Bereiche oder Prana-Felder, die bestimmte Aufgaben erfüllen. Sie spielen – wie wir noch sehen werden – für das Verständnis des Pranayama eine wichtige Rolle.

Es gibt eine ganze Reihe von Vayus, fünf jedoch sind besonders wichtig. Von diesen wiederum spielen drei eine besondere Rolle für die Yogapraxis. Sie heißen *Prana-, Apana- und Samana-Vayu* und spiegeln im Zusammenhang mit der Atempraxis das Ziel des gesamten Yogaweges wider: Yoga als das völlige Zur-Ruhe-Kommen aller mentalen Aktivitäten, um in einem Zustand strukturellen inneren Friedens die Tiefendimension unseres Seins zu erfahren. Doch der Reihe nach ...

Prana-Vayu

Das erste Vayu heißt so wie das Gesamt der Lebensenergie, also *Prana*. Prana-Vayu ist ein Energiefeld, das im Brustkorb und den dort angesiedelten Organen wirkt, also im Bereich von Herz, Lungen und dem damit verbundenen Kreislaufsystem. Herz- und Kehlkopfchakra (*Anahata* und *Vishudda*) liegen in diesem Energiefeld. Prana-Vayu stellt über den Prozess der Einatmung die Aufnahme von Lebensenergie sicher. Es ist die Kraft, die uns einatmen lässt. In einem erweiterten Verständnis ist Prana-Vayu zuständig für alles, was wir aufnehmen, also auch Nahrung oder sogar mentale Dinge.

Damit wir einatmen können, muss eine energetische Aufwärts- und Ausdehnungswirkung erzeugt werden: Mit der Einatmung hebt und weitet sich der Brustkorb. Der dabei entstehende Unterdruck in den Lungen sorgt dafür, dass Luft von außen nach innen gedrückt wird. Wir ziehen die Luft also weniger nach innen, als dass sie passiv in unseren Körper einströmt. Energetisch ausgedrückt: Die Aufwärtsbewegung von Prana-Vayu erzeugt einen Abwärtssog, dem die Atemluft folgt.[28]

Apana-Vayu

Apana-Vayu ist das Gegenprinzip zu Prana-Vayu. Es ist für die Ausscheidung verbrauchter Energie zuständig. Apana hat seinen Wirkungsbereich in der Region des Unterleibs und den zugehörigen Organen wie Darm, Nieren, Blase und Geschlechtsorganen. Wurzel- und Sexualchakra (Muladhara und Svadhistana) liegen im Einflussbereich dieses Energiefeldes. Im Atemprozess steht Apana für die Ausatmung. Mit der Ausatmung findet eine Abwärtsbewegung oder Absenkung statt: Der Oberkörper sinkt nach der Einatmung passiv wieder nach unten in seine Ausgangsposition zurück. Dabei wird als Gegenprozess die Atemluft nach oben aus dem Körper gedrückt.[29]

Samana-Vayu

Samana liegt in der Mitte zwischen Prana- und Apana-Vayu im Bauchbereich. Dort liegt das Nabelchakra (*Manipura*), dessen Symbol das Feuer ist. Samana ist das Energiefeld, das für die Verstoffwechslung oder Nutzbarmachung von Prana zuständig ist, wenn man so will: die energetische Entsprechung dessen, was wir auch *Verbrennung* nennen. Das Zusammenspiel dieser drei Vayus im Pranayama zeigt, wie Energiearbeit und das Ziel des Yoga eine Einheit bilden. Diese geschieht im magischen Moment des Atemanhaltens oder *Kumbhaka*.

Pranayama und Kumbhaka

Beim Pranayama denken die meisten zuerst an das Ein- und Ausatmen. Doch das entscheidende Element der Energiearbeit ist eigentlich Kumbhaka, die Pause zwischen beiden. Im Hatha Yoga sind die Begriffe Pranayama und Kumbhaka Synonyme. In der Stille zwischen Ein- und Ausatmung liegt das große Geheimnis des Lebens verborgen …

Was passiert in der Atempause während des Pranayamas?

Im klassischen Hatha Yoga macht man die Atempausen grundsätzlich nach der Einatmung in der relativen Atemfülle. Dabei werden sogenannte *Bandhas* oder »Verschlüsse« gesetzt, physische Aktionen, die energetische Ziele verfolgen:

Mula-Bandha, die Kontraktion des Beckenbodens (genauer: des Perineums oder Damms zwischen Anus und Sexualorganen), soll das natürliche Abwärtsstreben von Apana-Vayu umkehren und nach oben lenken. Und *Jalandhara-Bandha*, der Kehlkopfverschluss, wird geübt, indem man das Kinn sanft in Richtung Brustbein bringt, um der natürlichen Aufwärtsbewegung von Prana-Vayu entgegenzuwirken, Prana-Vayu also nach unten zu lenken. *Das Ziel im Kumbaka ist also die Umkehrung des Energieflusses von Prana- und Apana-Vayu.* Anstatt auseinanderzustreben, bewegen sie sich nun aufeinander zu, Prana nach unten und Apana nach oben, um schließlich in der Mitte zur Ruhe zu kommen. Das zusätzliche Setzen von *Uddiyana-Bandha*, das Einziehen der Bauchdecke in Richtung Wirbelsäule, erzeugt zusätzlichen Druck und zusätzliche Hitze und verstärkt die Aufnahme der eingeatmeten Energie. Das Wesentliche hier ist aber die dadurch angestrebte energetische Stille: Weil unsere mentalen Prozesse mit der Bewegung von Prana einhergehen, können diese umgekehrt durch das Zur-Ruhe-Bringen von Prana selbst zur Ruhe kommen, mit anderen Worten: In der Atempause soll der Geist still werden. Und als stillen Geist definiert das *Yogasutra* bekanntlich den Zustand des Yoga. Ein zweites energetisches Ziel soll in der Atempause erreicht werden: das schon angesprochene Lenken des Energieflusses in Ida und Pingala, hin in unsere Mitte.

Kurz: Pranayama versteht sich als Energiearbeit, um zum Zustand des Yoga zu gelangen. Wir wenden uns dem Atem zu, der Brücke zwischen Körper und Geist. Wir gehen in die Stille. Dort, in energetischer Ruhe, liegt das Geheimnis unseres Wesens verborgen. Dies ist das große Versprechen des Yoga. So fließen in der Praxis des Pranayama auf faszinierende Weise das Atmen, die Ideen rund um die Lebensenergie, die yogische Philosophie und Praxis in eins.

Praxis: Neun reinigende Atemzüge

Die klassische Übung des Hatha Yoga zur Reinigung von Blockaden im Energiekörper heißt *Nadi Shodana*, wörtlich die Reinigung (Shodana) der Energiekanäle (Nadi). Technisch gesehen ist Nadi Shodana eine sogenannte Wechselatmung: Abwechselnd atmet man dabei durch die Nasenlöcher ein und aus. Im Folgenden stelle ich Ihnen eine einfache Variante dieser Praxis vor, dazu ein paar Tipps, wie Sie sie weiterentwickeln können, wenn Sie möchten.

- Setzen Sie sich bequem hin mit natürlich aufgerichtetem Oberkörper und kommen Sie einen Moment zur Ruhe.
- Wenn Ihr Atem seinen natürlichen Rhythmus gefunden hat, verschließen Sie mit den Fingern der rechten Hand das rechte Nasenloch und atmen langsam durch das linke Nasenloch ein. Gehen Sie dabei bis zu einer angenehmen Atemfülle, etwa 75 Prozent Ihrer Atemkapazität.
- Verschließen Sie nach der Einatmung beide Nasenlöcher und halten Sie den Atem einen kurzen Moment lang an, gerade solange Sie sich wohl damit fühlen. Dann öffnen Sie das rechte Nasenloch und atmen aus.
- Wiederholen Sie den Vorgang – links einatmen, kurz halten, rechts ausatmen – und machen Sie auf diese Weise drei Atemzüge.
- Machen Sie danach dasselbe auf der anderen Seite: Sie atmen über rechts ein, halten kurz und atmen über links aus. Dreimal.
- Abschließend machen Sie drei Atemzüge mit ganz geöffneter Nase. Langsam in eine angenehme Fülle gehen, halten, dann langsam ausatmen.
- Danach spüren Sie noch zwei, drei Minuten nach, bevor Sie wieder in Ihren Alltag gehen.

Führen Sie jeden Atemzug so bewusst und langsam wie möglich aus. Nehmen Sie sich für die Ausatmung noch etwas mehr Zeit als für die Einatmung, das unterstützt eine Entspannungsreaktion. Spüren Sie während der Einatmung genau hin, bis zu welcher Atemfülle es sich angenehm anfühlt. Im Zweifel ist hier weniger mehr, gerade dann, wenn Sie im Alltag viel Stress erfahren und Ihr Atem möglicherweise viel in die Brust geht.[30] Gestalten Sie sich den Atemprozess so angenehm wie möglich!

Die inneren Hüllen

Oben führten wir aus, dass der Mensch, wie die *Taittiriya Upanishad* ihn beschreibt, aus einer äußeren Hülle, dem physischen Körper, und einem inneren Raum aufgebaut ist. Beide stehen in Verbindung über den Prana- oder Energiekörper, den wir besonders mithilfe des bewussten Atmens erreichen und reinigen können. Kommt dann der Fluss von Prana zur Ruhe, kann auch der innere Raum ruhiger werden.

Den inneren Raum könnten wir auch *Geist* nennen, und die Taittiriya stellt sich diesen als dreifach »geschichtet« vor. Diese drei Schichten oder Hüllen – *Manomaya-*, *Vijnanamaya-* und *Anandamaya-Kosha* – repräsentrieren das, was wir ausführlich im Kapitel über den Geist des Menschen (→ Seite 34ff.) thematisiert und *Chitta* genannt haben: die verschiedenen Aspekte unseres mentalen Wesens wie Wahrnehmungen, Gefühle, Denkvermögen, Erinnerungen und Ego. Körper, Lebensenergie und innerer Raum (oder *Kaya, Prana* und *Chitta):* Sie bilden den Menschen, wie wir ihn kennen. Doch unsere tiefste Wirklichkeit liegt jenseits all dessen.

Um das, was wir zu sein meinen, aber in Wirklichkeit zu sein, um Wege, die wir gehen und Ziele, zu denen wir uns als »spirituelle Krieger« aufmachen können, geht es im nächsten Kapitel.

5
Lebenswege und Ziele

Werdet Vorübergehende!

Jesus, Thomas Evangelium

Dharma: Gibt es einen Plan für mein Leben?

Dharma bedeutet so viel wie *Wahrheit, Weg* oder auch *Gesetz.* Es ist ein Begriff, der – wie so viele Ideen aus der Welt des Yoga – etwas verwaschen in unsere Zeit und Kultur gekommen ist. Wer schon einmal davon gehört hat, verbindet ihn meist mit der Vorstellung des *Svadharma,* der Frage also, ob es eine Art kosmischen Plan für unser persönliches Leben gibt, und wenn ja, worin dieser denn bestehen könnte. Anders ausgedrückt: Warum bin ich hier, und was soll ich anfangen mit meinem Leben? Was ist meine Berufung?

In meinen Yogaphilosophie-Workshops stelle ich ab und zu die Frage, wer denn der Meinung sei, dass es einen Plan für ihn im Leben gebe, einen Plan, den er entdecken und natürlich auch *erfüllen* müsse. Es sind nicht wenige, die mit der Idee eines solchen Planes für das eigene Leben nicht viel anfangen können. Das Leben folge keinen kosmisch vorgezeichneten Wegen, und es gebe auch keinen bestimmten Grund, warum man auf der Welt sei. Alles sei von Zufall und Irrtum bestimmt und der Kosmos ohne inhärenten Sinn und ohne Ziel. Alles ist wie es ist, ohne Grund und Ziel. Es ist dies ein Denken, das harmonisch zusammenstimmt mit dem dominanten Paradigma der modernen Wissenschaft: Die kosmische Evolution ist demnach bestimmt von Zufall und Irrtum, keine Teleologie oder kein Entwicklungsziel soll darin liegen. Planlos und blind ist das Sein in dieser Weltanschauung.

Doch mehr Menschen als man in unserer technisierten Zivilisation vielleicht vermuten würde, sagen: »Ja, es gibt einen Plan für mein Leben!« Bemerkenswert und zugleich berührend dabei ist für mich immer, dass nur die wenigsten von ihnen das Gefühl haben, diesen Plan schon entdeckt zu haben. Manche kümmert das nicht sehr, wenn sie zum Beispiel annehmen, dass es gar nicht notwendig sei, diesen Plan zu kennen, weil das Leben schon dafür Sorge tragen würde und uns auf die Straßen schickt, denen wir folgen sollen. Andere wiederum sind deshalb guter Dinge, weil sie hoffen, ihr Dharma eines Tages noch zu entdecken. Einige aber fühlen einen subtilen Schmerz, ein Sehnen, eine Traurigkeit oder Einsamkeit, eine Art Leere in ihrem Herzen. Zwar spüren sie, dass es einen bestimmten *Auftrag* gibt, den zu erfüllen sie hierhergekommen sind, doch sie kennen ihn nicht.

Wäre es nicht hilfreich, genau zu wissen, welche Rolle uns im Drehbuch des Kosmos auf den Leib geschrieben ist – die Rolle unseres Lebens sozusagen? »An der Freude im Leben müsste man es doch sehen können! Wenn ich mich gut fühle, gehe ich auf der richtigen Straße des Lebens!« Wäre das nicht in der Tat ein praktischer Gradmesser als Antwort auf die Frage, was mein Dharma sein könnte? »Der Weg ist, wo die Freude liegt!« Vielleicht ist es ja so. Es klingt jedenfalls nach einer schönen Antwort. Wenn also das, was ich tue, mir Freude macht, könnte dies ein Zeichen dafür sein, dass ich meinen Dharma lebe. Und wenn die Dinge von selbst in die Richtung fließen, die mir am liebsten ist: Ist nicht auch das ein klarer Hinweis darauf, dass ich den Weg meines Dharmas gehe?

Zu gern würde ich diese Fragen mit einem lauten »Ja!« beantworten. Aus Sicht der Yogaphilosophie ist das aber leider nicht möglich. Es wäre eine Antwort, die sich nur einreiht in das, was wir eben am liebsten hätten und hören wollen. Doch dass die Idee, den eigenen Dharma zu leben, nicht unbedingt etwas zu tun hat mit der Frage, was wir am liebsten mögen, sagt uns die *Bhagavad Gita*, die Heilige Schrift Indiens, ziemlich drastisch und auf den ersten Blick auch nur wenig tröstlich: Da muss ein ruhmreicher Krieger, der Bogenschütze Arjuna, in einen Krieg ziehen, in den er nicht gehen will. Es ist eine Art Bürgerkrieg, in dem er viele Freunde und Verwandte verlieren wird, ein Krieg, dessen Sinn er nicht zu erkennen vermag. Alles in ihm bäumt sich auf dagegen, und er verzweifelt. Der große Kämpfer wirft Pfeile und Bogen hin und sinkt zusammen. Mit ihm im Streitwagen sitzt Krishna, sein Freund schon seit Kindertagen, jetzt sein Berater und spiritueller Lehrer. Und dieser wäscht seinem Schüler ordentlich den Kopf: Schwach sei ein Krieger, der nicht kämpfen will! Seine Ehre werde er verlieren und sich zum Gespött unter seinesgleichen machen. »Steh auf und kämpfe!«, ruft Krishna Arjuna zu, »denn dies ist dein Dharma!« Dieser Krieg ist dran, so die Botschaft, ob es Arjuna gefällt oder nicht. Er muss ausgefochten werden.

In der *Bhagavad Gita* lesen wir leider kein Wort vom sanften Fluss des Lebens als Zeichen dafür, dass wir unser Dharma leben. Kein Satz darin sagt, dass die Freude am Tun der Gradmesser dafür sei, ob wir richtig liegen würden im Leben. Die Idee des Dharma, wie wir ihr im Yoga begegnen, ist vielmehr dieser Art: Dein Dharma ist es, genau dort zu sein, wo das Leben dich in diesem Moment hingestellt hat, und eben das zu tun, was zu tun ansteht. Was ist gerade dran für dich im Leben? Im Sinne einer Berufsberatung werden wir nicht fündig in den alten Texten, ganz egal, aus welcher Tradition sie stammen. Doch in einem sehr allgemeinen, zugleich einfachen und provozierend radikalen Sinne ist die Philosophie des Yoga sehr klar, wenn sie den Dharma der Menschen skizziert. *Unser aller* Dharma ist damit gemeint, denn die Dharma-Idee zielt auf etwas Universales: Es geht in unserem Leben darum, *Viveka* oder Unterscheidungsvermögen zu erlangen. Das meint nicht die Frage, ob es besser ist für uns, ein Handwerk zu erlernen oder an die Universität zu gehen, zu heiraten, Kinder zu haben oder nicht, dieser oder jener Praxis zu folgen … Vielmehr geht es um die Entwicklung der Unterscheidungskraft im Blick auf nur eine einzige Frage: Wer oder was bin ich? Und damit zugleich: Wer oder was bin ich *nicht?*

An dieser Stelle nun kommt die große Herausforderung. Krishna macht das in der *Bhagavad Gita* drastisch deutlich, wenn er als Inkarnation des Schöpfers, sagt: »Ich bin die Zeit, gekommen zu zerschlagen die Welt!« Das also ist es, was Arjuna erkennen soll: Dass alles, was der Vergänglichkeit von Zeit und Raum unterliegt, einschließlich des physischen Körpers und aller Vorgänge darin – Wahrnehmungen, Gedanken und Gefühle – nicht die Wirklichkeit unseres Seins sind. Solange der Krieger noch glaubt, er sei der Körper, hin- und hergeworfen von Freud und Leid, kann er keinen Frieden und auch kein wirkliches Glück finden. Er selbst, sagt

Krishna an anderer Stelle, habe alle diese Krieger-Körper auf dem Schlachtfeld schon getötet. »In meinen Zähnen zermalme ich sie!« Arjuna kann das in einer tiefen inneren Erfahrung mit eigenen Augen sehen: Auch die Kraft der Zerstörung ist ein Aspekt Gottes. (Auf diese besondere Erfahrung kommen wir später noch genauer zu sprechen, → Seite 111ff.)

Materie, Zeit und Raum mit all ihren Begrenzungen und Schwierigkeiten sind die Lehrer, die uns zeigen, dass wir nicht aus ihrem Stoff gemacht sind. Wir können das Physische und Begrenzte – und damit auch den Schmerz – transzendieren. Unser gemeinsames Dharma, das *Grand Design* der Wirklichkeit, ist aus Sicht der Yogaphilosophie dieses: Erkenne, dass du nicht der Körper bist und dass die Zeit, die alles zerschlägt, dir niemals etwas anhaben kann; erkenne, dass du mehr bist als sogar dein Geist, indem du zum formlosen Grund des Seins selbst vordringst. Dies wird dich zu einer befreiten Seele machen: *Jivamukti.*

Jahrelang hat mich diese Frage umgetrieben: Haben die alten Yogis recht? Bin ich wirklich mehr als mein Körper? Kann ich mich selbst frei und losgelöst und dennoch lebendig und klar fühlen, getrennt von meinem Körper? Kann ich selbst, aus freiem Willen, meinen Körper verlassen und auf meinen schlafenden physischen Körper herabschauen, um zu erleben, was zahllose Menschen in ihren Nahtoderfahrungen beschreiben? Ich spreche von keiner Meditation oder Visualisierung. Ich spreche auch nicht von einer Metapher oder Vorstellung. Ich meine es so konkret wie man es nur verstehen kann: Ist es möglich, sich wachbewusst vom eigenen Körper zu lösen, um mit seinem »zweiten« oder »inneren« Körper Erfahrungen in nicht-physischen Regionen zu machen?

Nach den vielen Menschen, die ich sterben sah in meinem früheren Beruf – ich leitete 25 Jahre lang eine Einrichtung für Schwerstpflegebedürftige –, schien nichts mir wichtiger als die Antwort auf diese Frage. Und ich fand sie. Eines Tages erfuhr ich, das Krishna recht hat: Der Körper mag gehen, doch im selben Moment noch sind wir quicklebendig und leicht. Den Tod gibt es nicht. Nur Übergänge. Ein Fließen von hier nach dort.

Manche Übergänge sind nicht leicht. Die tibetischen Buddhisten nennen den physischen Tod nicht umsonst den »schmerzhaften Bardo« (*Bardo* heißt *Zwischenzustand* oder *Übergang*). Doch zugleich ist er das Ziel, auf das jeder von uns zugeht – das *einzige Ziel, das wir mit absoluter Sicherheit erreichen werden,* sicherer noch als den nächsten Atemzug, den es zu tun gilt. Weißt du wirklich, ob nach dieser Ausatmung noch eine Einatmung folgt? Vielleicht platzt ein Aorten-Aneurysma, von dem du nicht wusstest, dass es da ist, und alles ist vorbei. Ich habe solche Menschen gekannt. Nichts ist sicher. Nur der physische Untergang. Doch er bedeutet nicht den Tod. Nur ein Bardo. Ein neuer Anfang. Und – spirituell gesehen – eine wunderbare Gelegenheit, die vielversprechendste Chance, um zur Erleuchtung zu gelangen, wie man in Tibet sagt. Diesen Teil des universalen Dharmas, dass ich mehr bin als mein Körper und es deshalb ein »Leben danach« gibt, durfte ich immerhin erfahren. Jeder Mensch kann das, wenn er nur danach strebt. Doch dort beginnt die Reise erst. Zum Grund des Geistes hin: *Das* ist unser Dharma.

Gern will ich im Kapitel *Erfahrungen* (→ Seite 134ff.) einige meiner Erlebnisse mit Ihnen teilen – als ausgebildeter Wissenschaftler, der ich bin, und ebenso als Mensch auf der Suche nach innerer Wahrheit. An dieser Stelle jedoch nur dieses als Zusammenfassung: Unser aller Dharma, der Grund für unser Hiersein, so die Philosophie des Yoga, ist es, unsere Unsterblichkeit zu erkennen. Nicht im Sinne von Glaube oder Hoffnung, sondern im Sinne echter, konkreter und eigener Erfahrung. Unser Dharma ist es, zu entdecken, was Mystiker und Schamanen seit alter Zeit immer wieder entdeckt haben: Das unsterbliche und unendliche Strahlen unseres eigenen Wesens. Keine Metapher. Ganz konkret. Zum Anfassen. Ich weiß, dass ich unsterblich bin. Wir alle sind unsterblich. Nichts existiert, das nicht lebendig wäre. So einfach. So radikal. So tröstlich.

»Tu, was du tun musst, doch tu es für mich!«

Die *Bhagavad Gita* wird von Menschen aller spirituellen Strömungen Indiens in Ehren gehalten. Es ist kein sehr langer Text. Mit gerade einmal 700 Strophen ist die *Gita*, wie man dieses Buch auch liebevoll nennt, ein nur sehr kleiner Ausschnitt eines riesigen Epos mit Namen *Mahabharata*, der über 100.000 Verse umfasst – das ist achtmal so lang wie die *Ilias* und die *Odyssee* zusammen genommen. Und die kleine *Gita* ist der spirituelle Kern dieses großen Werkes.

»Ich will nicht kämpfen!«

Die menschliche Krise als Ausgangspunkt der inneren Suche

Die *Bhagavad Gita* ist ein spirituell-philosophisches Lehrgespräch in einer Situation, die krisenhafter nicht sein könnte. Arjuna, ein begnadeter Bogenschütze, steht am Vorabend eines verheerenden Bürgerkrieges. Als tapferer Krieger ist er es gewohnt, gefährliche Schlachten zu schlagen. Doch in *diesen* Krieg will er nicht ziehen, denn in den Reihen des Feindes stehen frühere Freunde und Lehrer, Verwandte sogar, Menschen, die er einmal ehrte, schätzte und liebte. »Ich werde nicht kämpfen!«, sagt Arjuna und sinkt in seinem Streitwagen nieder.

Der Krieger ist verzweifelt und mutlos. Er weiß das auch zu artikulieren und sagt klar, welch zerstörerische Wirkungen ein Krieg wie dieser haben muss. Doch die Lage ist ausweglos und die gewaltsame Auseinandersetzung nicht mehr zu vermeiden, alle diplomatischen Möglichkeiten sind ausgeschöpft. Auf seinem Streitwagen begleitet ihn Krishna, sein treuer Freund und Berater. Im Laufe des Gespräches erst wird Arjuna erkennen, wer da eigentlich mit ihm auf dem Wagen sitzt: Krishna gibt sich ihm als eine Inkarnation Vishnus zu erkennen, jenes Aspektes des Höchsten, der für die Entwicklung und Erhaltung des Kosmos steht. Krishna ist, wenn man so will, Mensch gewordener Gott. In der krisenhaftesten Situation seines Lebens also begegnet Arjuna dem Höchsten und erkennt, dass das Höchste oder *Brahman*, wie man es in Indien nennt, in ihm selbst lebendig ist. »Ich bin die Quelle des Seins«, lehrt Krishna ihn, »alles kommt aus mir.«

Die Krise ist der klassische Ausgangspunkt spirituellen Suchens nach Sinn und Ziel des Lebens. Auch Buddhas Suche begann mit einer persönlichen Krise. Als er sich eines Tages heimlich aus dem Palast aufmachte, um die »Welt da draußen« zu erkunden, sah er alte, kranke und sterbende Menschen. Die persönliche Begegnung mit Alter, Krankheit und Tod, die Energie dieses krisenhaften Moments, sollte zum Treibstoff werden, der ihn schließlich zur Erleuchtung führte. Die Krise oder die prinzipielle Leibhaftigkeit, die dem Sein innewohnt, ist oftmals der Startpunkt für einen spirituellen Weg.

»Steh auf und kämpfe!«

Viele Menschen, die sich zum ersten Mal mit der *Bhagavad Gita* beschäftigen, sind erstaunt oder sogar erschrocken darüber, dass Krishnas Empfehlung an Arjuna nicht etwa lautet, die Waffen fortzuwerfen und sich dem brutalen Gemetzel zu entziehen, weil Gewalt und Spiritualität nicht so recht zusammenpassen wollen. Vielmehr fordert Krishna seinen Schüler offensiv auf, mit aller Kraft in die Schlacht zu gehen und zu tun, was unvermeidlich ist. »Steh auf, Arjuna, kämpfe!«, sagt Krishna zu Arjuna. Und weiter: »Für einen Krieger gibt es nichts Besseres, als einen gerechten Krieg zu kämpfen!«

Große spirituelle Texte sind in der Lage, auf mehreren Ebenen zu sprechen und die Menschen jeweils da abzuholen, wo sie auf ihrem persönlichen Entwicklungsweg stehen. Wenn wir das Setting der *Gita* wörtlich nehmen, mag hier tatsächlich die Frage im Raum stehen, ob es den *bellum iustum*, den gerechten Krieg, geben kann und darf – eine Frage, die sich Menschen bis heute immer wieder aufs Neue stellen müssen.

Die Gita spricht auch auf tieferen Ebenen zu uns: Da mag das Schlachtfeld zur Metapher werden für unser Leben, für all die schwierigen Situationen, die wir erfahren und meistern, die Prüfungen, die wir bestehen müssen. Noch tiefer betrachtet singt Krishna ein mystisches Lied (*Gita* heißt wörtlich *Gesang*): Da wird das Schlachtfeld, *Kurukshetra*, zum Feld unseres Geistes, zu einer inneren Bühne, auf dem die Krieger als die Schauspieler auftreten, die uns – in aller Widersprüchlichkeit – zu der Person machen, die wir sind. Welche Tendenzen und Kräfte unseres Herzens werden am Ende den Sieg davontragen?

Selbstlos sein

Die *Gita* deckt in 18 Kapiteln zwar eine Vielzahl von Themen ab.[31] Doch die meisten denken vor allem an die Idee der Selbstlosigkeit. Und in der Tat nimmt das Thema breiten Raum ein, vor allem in der ersten Hälfte des Textes. Das Stichwort hier heißt *Karma Yoga*.

Das Wort *Karma* meint nicht so sehr die Schicksalsidee, die viele damit verbinden, sondern den unauflöslichen Zusammenhang unserer Handlungen und ihren Konsequenzen. Jeder Akt zeitigt Folgen. Wenn ich ungesund esse, fühle ich mich schlecht. Wenn ich aggressiv in die Welt wirke, ernte ich Feindseligkeit. Wenn ich an den Tod glaube, bin ich sterblich. So bringen unsere Handlungen zahlreiche »Früchte«, deren Folgen erfahren werden müssen – manche sofort, manche später, vielleicht auch erst sehr viel später, womöglich erst in einem anderen Leben. Die Samen für so manche Erfahrung, die wir in diesem Leben machen, mögen in vergangenen Leben gesät worden sein. Dieses immerwährende Säen und Ernten zu beenden, um *Samsara*, den Kreislauf aus Geburt, Leben und Tod mit den darin verwobenen Erfahrungen von Freud und Leid zu durchbrechen: Dies ist das Ziel von Krishnas Lehre. Ein Handeln, das kein Karma mehr erzeugt, führt zu *Moksha*, Befreiung. Und, so Krishna weiter, nur ein *Handeln ohne Ich*, Selbstlosigkeit also, könne zu diesem großen Ziel führen.

Selbstlosigkeit als ethisches Gebot

Hört jemand das Wort Selbstlosigkeit, so denkt er meist zuerst an die Ethik: dass man Dinge nicht für sich selbst tut, sondern für andere Wesen, für Menschen, Tiere oder die Natur. Das ist zweifellos eine wichtige und zeitlose Dimension dieser Idee, heute vielleicht drängender noch als in alten Zeiten, wo sich niemand hätte vorstellen können, welches Maß an Zerstörung der Mensch einst über die Welt bringen würde.

Was wir für andere tun, tun wir immer auch für uns selbst. Wir profitieren von den positiven Konsequenzen, die gutwilliges und selbstloses Tun uns bescheren. Von der guten Beziehungsqualität zu anderen Menschen zum Beispiel. Oder von der Freude, die uns die Liebe und Achtung der Tiere geben kann. Ganz sicher gewinnen wir auch, wenn wir zugunsten einer heilen Natur nicht hemmungslos dem Konsum frönen. Mit anderen Worten: Selbstlosigkeit in ethischer Hinsicht macht unser Leben im Hier und Jetzt reicher, schöner, tiefer und befriedigender. Was wir für andere tun, tun wir für uns, denn wir sind ein Teil des Ganzen und verbunden mit *Allem-was-Ist*. Yoga, wie er in alter Zeit verstanden wurde, ist ohne Ethik nicht denkbar.

Tun um des Tuns willen

Eine tiefere Idee von Selbstlosigkeit finden wir im Prinzip des Tuns um seiner selbst willen. Wir sind es ja im Allgemeinen gewohnt, im Blick auf ein Ziel hin zu handeln: Wir lernen, um Wissen und Fertigkeiten zu erwerben. Wir erwerben Wissen, um damit zu arbeiten und Geld zu verdienen. Wir verdienen Geld, um damit unseren Lebensunterhalt zu sichern. Wir treiben Sport, um gesund zu bleiben. Wir tun Gutes, um … Fast alles, was wir tun, so scheint es, tun wir nicht um seiner selbst, sondern um eines davon verschiedenen Zweckes willen – und sei es, dass wir einfach nur Spaß, Unterhaltung und Abwechslung suchen. Alles das ist völlig in Ordnung, doch es ist kein Tun ohne Ich, frei von Wollen oder Hoffen.

Wir können auch anders handeln, schlicht um des Handelns willen: Einfach deshalb etwas tun, weil es zu tun ist, weil es ansteht. Wir können es tun ganz unabhängig von der Frage, ob und was es uns einbringen wird, oder ob wir es tun möchten oder nicht. »Der Kampf steht an. Lass ihn uns austragen!« Dieser Aspekt der Selbstlosigkeit heißt *Akarma*, das Nicht-Handeln. Es meint kein egofreies Handeln in einem ethischen Sinn, sondern eines, das getan werden will, frei von Erwägungen im Blick auf die Früchte, die wir ernten werden. Es ist ziemlich ermüdend, sagte einmal ein Weiser, wenn bei jedem Handeln die Frage zu hören ist: »Was bringt mir das?« Die Frucht der Handlungen loszulassen, darum geht es hier.

Handeln für das Höchste

Der dritte Aspekt der Selbstlosigkeit ist der Anspruchsvollste, und Krishna betont ihn ganz besonders: »Tu, was du tun musst, doch tu es für mich!« Es ist dies die Idee totaler Hingabe oder *Bhakti*, ein vollständiges Loslassen. Wir tun, was ansteht, ohne Erwartung für uns selbst. *Vairagya* nennt man dies in der spirituellen Philosophie Indiens. Wir tun es, so gut wir können. Doch die Ergebnisse überlassen wir dem Höchsten, Brahman, Gott, dem Tao ... Wir nehmen an, was das Leben uns zuträgt. Wir akzeptieren die Folgen unserer Handlungen, seien sie angenehm oder nicht. In einem solchen Tun lassen wir uns selbst los und vertrauen uns dem Fluss des Seins an. »Wer alle persönlichen Wünsche losgelassen hat und vollkommen in der Wirklichkeit seiner Essenz ruht«, so Krishna, »den nennt man vollkommen weise.« So zu leben und zu handeln ist ein ambitioniertes Unterfangen. Zugleich ist es die höchste Lehre der *Gita*. Nicht um Ethik geht es Krishna in erster Linie – sie ist nur ein Anfangspunkt –, sondern um die Frage tiefer Spiritualität. Eine solche reicht weit über die Ethik hinaus. Sie verlangt die positive Integration aller Erfahrungen und Handlungen sowie deren Folgen in unserem Leben. Doch würde auch *nur* eine gute Ethik auf der

Welt verwirklicht, lebten wir dann nicht schon in einem Paradies auf Erden?

Das folgende Wort Krishnas liebe ich sehr. Es ist verbindend, Trost spendend und durchdrungen von einer Toleranz, welche die Welt von heute dringender braucht denn je: Es ist egal, auf welchen Wegen wir zum Höchsten zu gelangen versuchen – Gott nimmt uns alle an. Krishna sagt es so:

> Auf welche Weise auch die Menschen mich suchen,
> ich nehme sie an.
> Alle Wege, Arjuna, führen zu mir.

Auf der Suche nach dem Glück

Geh hinaus und frage ein paar Menschen: »Was bedeutet Glückseligkeit für dich?« Wohl die allermeisten werden vom ganz großen Glück sprechen, so wie sie es verstehen: vom erfahrenen Glück, das vergangen ist, oder von dem, das sie sich noch erträumen, von einem Glück also, das einmal war oder kommen mag ... oder eben auch nicht. Vielleicht begegnen wir einem, der sich gerade jetzt, in diesem Moment, über den Wolken sieht, schwebend im sprichwörtlichen siebten Himmel, in der Seligkeit der Verliebtheit zum Beispiel oder im Rausch eines soeben errungenen Erfolgs. Welch Intensität an Glück! Unübertroffen – solange die Liebe erwidert wird, die Verliebtheit frisch und der geliebte Mensch um uns ist (und dazu dem idealen Bild entspricht, das unser verliebt-verdrehtes Auge sich von ihm gemacht hat). Unübertroffen – solange der Erfolg des Erfolgreichen anhält und nicht zu viele unschöne Nebenwirkungen hat. Doch sogar der anhaltende Erfolg kann bald den schalen Geschmack des Gewohnten und Langweiligen annehmen.

Die Glückseligkeit also, verstanden als das »ganz große Glück«, ist an Bedingungen geknüpft. An ziemlich viele sogar: an das Gegebensein genau jener Umstände und Voraussetzungen nämlich, die wir – sei es bewusst oder nicht – als individuell notwendig erachten, um uns glücklich zu fühlen. Sind sie nicht mehr gegeben, dann sind wir auch nicht glücklich, sondern leiden den Schmerz des Mangels. Die Liebe von gestern wird zum Liebeskummer von heute, der strahlende Erfolg von ehedem zum matten Glanz der Vergangenheit. Und die Hoffnung auf das Morgen kaschiert nur den Schmerz, den wir *jetzt* fühlen, wo das Glück noch nicht da ist oder nicht mehr. Die Unerfülltheit, das Gefühl des Mangels und das damit verbundene Sehnen nach Glück sind der Treibstoff für das weitere Streben. Es ist die Dunkelheit, die uns nach Licht suchen lässt.

Glück und Schmerz sind also wie zwei Punkte auf derselben Geraden, wechselnde Aufenthaltsorte ein und desselben Pendels, zwei Pole des gleichen Seins. Sie gehören so untrennbar zusammen wie Leben und Tod. Der berühmte Verhaltensforscher Konrad Lorenz, jener Tierpsychologe, der mit den Graugänsen schwamm, sagte einmal: »Es ist unvermeidlich, dass alle Freude mit Leid bezahlt wird.« Das klingt ziemlich nach Miesepeter! Doch kann Wahrheit nur wahr sein, wenn sie uns auch schmeckt? Was Lorenz sagt, ist eben das, was auch die alten Weisen lehrten: Das Glück, wie wir es verstehen, selbst das allergrößte, ist nur bedingt: Es hängt an Zeit und Raum, an Ursache und Wirkung, an unserem Körper und Ego, es ist relativ, begrenzt und vergänglich. Von einem Moment zum anderen kann der Wind sich drehen. Das so verstandene Glück ergibt überhaupt nur Sinn, wenn die Möglichkeit von Unglück mitgedacht wird. Es erfährt seine ureigene Existenz erst aus dem Kontrast zum Schmerz und verhält sich wie der Reichtum zum Elend, wie groß zu klein und Licht zu Dunkelheit. Glück und Schmerz sind das Zuckerbrot und die Peitsche des Lebens. Das eine ist nicht ohne das andere zu haben. Im *Yogasutra,* dem wohl wichtigsten Text des Yoga, lässt der Autor Patanjali uns im fünfzehnten Vers des zweiten Kapitels wissen, dass jede Erfahrung in der Welt, wie positiv auch immer sie sein mag, letztlich im Schmerz enden wird – und sei es nur der Schmerz, dass auch das Schönste einmal enden muss. Ich nenne dieses Sutra auf meinen Workshops gern das »Spielverderber-Sutra«, einer der längeren Verse aus diesem berühmten Buch.

Verdichten wir ihn, so wird daraus: »Alles tut weh!« Eine klare Botschaft, auch wenn sie unseren Ohren nicht schmeicheln mag.

In der Sprache der Rishis, der Weisen Indiens, reimen sich die Worte für Glück und Schmerz übrigens: *Sukha* ist das Süße und Angenehme, das, was uns wohlfühlen lässt, glücklich macht. Das deutsche Wort *Zucker* kommt daher und ebenso das englische *sugar* oder auch das französische *sucre*. Zu viel davon macht bekanntlich krank. Und das Unangenehme in all seinen Facetten – von der kleinen Unzufriedenheit bis hin zum größten vorstellbaren Leid – heißt auf Sanskrit *dhukha*. Das meint wörtlich den »negativen Raum«. Alle betreten wir immer wieder die negativen Räume des Lebens, ganz egal, wie sehr wir auch die positiven suchen. Und selbst wenn unser ganzes Leben ein einziges Wandern durch positive Räume sein mag – ich habe freilich keinen kennengelernt, dem ein solches Sein vergönnt wäre – wenn es also so ein Leben gäbe: Selbst dieses würde einmal enden. Diese Endlichkeit ist überhaupt das Einzige, was sich mit Sicherheit aussagen lässt.

Und nun? War es das also? Das ganze Leben nur *sukha* und *dhukha*, ein Pendeln zwischen Freud und Leid, verbunden mit der vagen Hoffnung, dass das Pendel in meinem speziellen Fall etwas mehr zur schöneren Seite hin ausschlägt? Und ich lebe dann ganz gut auch damit, dass sich das Pendel notwendigerweise für andere mehr zur unangenehmen Seite hinbewegen muss, weil Aktion und Reaktion sich immer ausgleichen: Für meinen Wohlstand zahlt irgendwo ein anderer – ob Mensch, Tier oder Natur – eine mehr oder weniger schmerzhafte Rechnung. Welch Nullsummenspiel!

Mystiker wollen wissen, was *jenseits des Pendels* liegt. Wenn man so will: Sie suchen nach der in sich ruhenden Aufhängung dieses Pendels oder mit einem anderen Bild: nach der stillen Nabe im Zentrum des sich drehenden Rades der Welt. Und sie sagen, dass da noch etwas Großes ist: nicht Glück als das Gegenteil von Unglück, wie wir es verstehen, sondern *wirkliche* Glückseligkeit. Sie ist etwas ganz anderes als nur eine extra große Portion Glück, ein Bewusstseinszustand vielmehr, der über beide Pole hinausgeht, sie transzendiert. Die alten Rishis, Indiens große Seher, prägten das schöne Wort *ananda* dafür. Und darin versteckt ist *anda,* das Ei. Es steht für das, was sich selbst genug ist, für das, was aus sich selbst herauswächst und wird, das alles in sich trägt, um zu werden, was es werden soll, und zu sein, was es ist. Es steht für die Idee, dass wir kraft unseres eigenen Seins unserer Bestimmung und Vollkommenheit entgegenstreben, im Fluss des Seins uns Zug um Zug entfalten.

Das Wort *ananda,* das so viele Swamis am Ende ihres Namens führen, steht dafür, dass wirkliches Glück transzendenter Natur ist, nicht von dieser Welt sozusagen, doch aber in ihr erfahren werden kann. Die Suche nach *ananda* oder Glückseligkeit führt über die Welt hinaus, oder – was im Grunde dasselbe ist – bringt das, was über die Welt hinausgeht, in die Welt hinein. Viele Worte fanden die Menschen dafür: Tao, Gott, Brahman oder das Absolute sind nur ein paar davon. Im Yoga nennen wir diesen Zustand *Samadhi,* das Verschmelzen, *Nirvana,* das Verlöschen oder *Moksha,* die Befreiung. Und das Wort *Yoga* selbst, so wie Patanjali es verwendet, bezeichnet eben jene Transzendenz von *sukha* und *duhkha* hin zu *ananda.*

Glückseligkeit, wie die Weisen sie verstehen, ist eine *innere Erfahrung,* losgelöst von den Objekten der äußeren Welt. (»Der Seher ruht in sich selbst«, sagt Patanjali.) Alle ihre Worte versuchen, uns in unser eigenes Inneres zu führen, um zum Höchsten zu gelangen. Laotse, Buddha, Jesus, Patanjali und alle Weisen aller Zeiten und Orte laden uns ein, uns selbst zu erforschen und unseren Geist verstehen zu lernen. Sie fordern uns auf, loszulassen, was weh tut, um die Heiligkeit in uns selbst zu entdecken. Ihre Liebe ist bedingungslos, allumfassend, jenseits aller Relativität. Die Erleuchteten fanden die Wahrheit und gaben sie an uns weiter. Alle lehren sie uns, jeden Tag die Augen zu schließen, Mystiker zu werden und nach innen zu schauen. Dort ist *ananda,* das vollkommene Glück, das wir sind. Dort und nirgendwo sonst.

»Dein Wesen ist Glückseligkeit«, sagt der fröhliche Swami Satchidananda, jener indische Yogi, der in den 1970er-Jahren in den USA lebte und lehrte. Innerer Friede ist ein anderes Wort dafür. Hast du diesen Frieden, dann hast du alles.

Die Farben der Liebe

Zur Suche nach dem Glück gehört für die meisten von uns vor allem die Suche nach der Liebe. Nach der einzigen, wahren, größten Liebe. Doch was ist das überhaupt, die Liebe? Hat sie nicht unendlich viele Facetten, weil jedes Wesen auf seine eigene Weise liebt? So mag es vermessen erscheinen, wenn ich hier von nur drei Gesichtern der Liebe sprechen will, die ich die drei *Farben* der Liebe nenne. Doch aus der grundlegenden Perspektive der Yogaphilosophie lassen sich alle Formen von Liebe im Kern auf drei essenzielle Formen verdichten. Was immer wir persönlich unter Liebe verstehen und wie wir sie auch zu leben versuchen, immer ist sie ein Spiel aus drei Farben: schwarz, rot oder weiß.

Schwarz

Trägt unsere Liebe schwarz, dann hält sie fest, was sie liebt. Sie gibt dem Geliebten keinen Raum, keine Freiheit. In der Sprache des Sanskrit heißt sie *Sadharana,* das bedeutet *Ich-Fixiertheit.* Sadharana, die selbstbezogene Form der Liebe, sperrt den Vogel ein, der doch so gern fliegen will. Sie kann seinen Flug nicht zulassen, weil sie fürchtet, ihn zu verlieren.

Das schwarze Kleid der Liebe ist gewebt aus der Angst vor dem Verlust, und so fügt sie jenen, die sie liebt, Schmerz zu. Das führt dazu, dass sie die Liebe nicht wirklich empfangen kann, nach der sie sich so sehnt. Sadharana bleibt einsam sogar in der Zweisamkeit, denn wer liebt auf Dauer schon seinen Gefängniswärter? Die selbstbezogene Liebe ist auf das Ich fixiert, genau deshalb ist sie keine echte *Selbst*liebe. Denn liebten wir uns selbst – was viele von uns nicht wirklich tun –, fühlten wir nicht die Unerfülltheit, jene innere Leere, die wir zu überwinden versuchen, indem wir in einen Käfig stecken, was wir lieben oder zu lieben meinen – und sei es auch ein goldener –, vielmehr wüssten wir, dass er fliegen muss. Wir ließen ihn frei, damit er jeden Tag aufs Neue in liebender Freiheit zu uns zurückkehrt.

Rot

Das rote Kleid der Liebe ist unserem Wesen am nächsten. Es ist die Farbe, die wir besser kennen als jede andere. Sie gilt den meisten als einzig wahre Form der Liebe überhaupt – jedenfalls beim ersten Hinschauen: rote Lippen, rotes Blut, Hitze und Leidenschaft. Rot ist die Liebe, die seit Menschengedenken in immer neuen Liedern besungen wird, ein unerschöpfliches Thema, das den einfachsten Geist ebenso fasziniert wie das Genie. Ohne *Samanjasa,* das rote Kleid der Liebe, gäbe es nur wenige Geschichten, die das Leben uns erzählen könnte – nicht den Zauber des ersten Verliebtseins, kein Holly- oder Bollywood, keine leidenschaftliche Musik, keine erotische Ekstase, keine familiäre Bindung, kein emotionales Hochgefühl. Genauso aber gäbe es nicht die andere Seite von Rot: Verbrechen aus Leidenschaft, Herzschmerz, Ehebruch und Scheidung. Es gäbe auch nicht das schmerzhafte Verlassensein nach dem Tod des Geliebten, der einmal kommen muss und wird, die Frage ist allein, wer der erste ist, der gehen muss. Die Angst vor dem Verlust also kennt auch diese Form der Liebe.

Wenn wir einen Schritt zurücktreten und das Gewebe des roten Kleides der Liebe etwas näher anschauen, erkennen wir, dass sie auf einer Vereinbarung beruht, auf einem Vertrag – er mag geschrieben sein oder nicht. Und in Verträgen werden *Bedingungen* niedergelegt. Die rote Liebe ist lebendig nur, wenn sie eine gegenseitige ist: »Liebst du mich, dann lieb' ich dich. Und ich liebe dich auch nur, solange du nicht gegen bestimmte Regeln verstößt!« Samanjasa ist eine *bedingte* Form der Liebe, eine, die Regeln braucht, zugespitzt gesagt: Sie ist eine Art *Geschäft.*

Damit will ich die rote Farbe der Liebe nicht klein reden. Geschäfte machen wir alle immer wieder im Leben, und es ist gar nichts Unanständiges daran, im Gegenteil: Unser Zusammenleben in der Familie, in der Gemeinschaft und in der Welt braucht Bedingungen, die ein friedliches und gutes Miteinander ermöglichen. Doch die bedingte Liebe liebt eben nicht bedingungslos. Sie ist rot, nicht weiß. Mit der ichbezogenen Form teilt sie die Angst vor dem

Verlust. Und der Schmerz ist neben der Leidenschaft ihr zweiter Pol, ein Pol, der schon im Wort *Leiden*schaft mitgesagt ist. Den Schmerz haben Schwarz und Rot also gemeinsam.

Der spirituelle Prozess will über beide hinaus, er will hineinwachsen ins bedingungslose Weiß. Rot, das können auch Menschen, denen wir ansonsten nichts Gutes würden nachsagen wollen. Sogar der Teufel mag sich verlieben können. Deshalb sagte Jesus über diese Form der Liebe einmal, dass sogar Steuereintreiber sie kennen, Menschen, die zu seiner Zeit den denkbar schlimmsten Ruf genossen: »Zu den eigenen Leuten gut sein«, so seine Botschaft, »was sagt das schon über deine Liebe?« Er sprach immerfort von der wirklichen, reinen Form der Liebe. Sie trägt ein weißes Kleid und ist sehr selten. Ihr Name ist *Samartha*.

Weiß

Was das Weiß in der Liebe bedeuten kann, vermögen uns Geschichten viel besser zu vermitteln als Erklärungen. Geschichten, wie zum Beispiel diese:

> Ein alter Mann begab sich einst auf eine Pilgerreise. Bevor er starb, wollte er noch eine heilige Stätte besuchen und seinem Gott eine Gabe darbringen: Einen Krug Wasser, den er viele Wochen lang unter großen Entbehrungen mit sich herumschleppen musste. Dieser Krug Wasser zu Ehren Gottes galt dem alten Mann als seine Eintrittskarte in den Himmel. Dafür lohnte es sich, jedes nur erdenkliche Opfer auf sich zu nehmen! Nach wochenlanger Wanderung durch Dürre und Hitze vollkommen geschwächt, sah er endlich den Tempel vor seinen Augen, das Ziel der Erlösung zum Greifen nahe. Da begegnete ihm ein armer Esel. Das erbarmungswürdige Wesen war völlig ausgezehrt und nahezu verdurstet. Der alte Mann blickte in die traurigen Augen des Esels. Dann nahm er das Wasser aus seinem Krug und tränkte ihn.

Nicht Gott brachte er seine Gabe dar, sondern diesem Geschöpf. Für das Mitgefühl war er bereit, sogar auf den Himmel zu verzichten. Doch musste er das wirklich fürchten? Welcher Gott könnte diesem Mann sein Tor versperren wollen, jenem Mann, der dem Esel alles gab, was ihm heilig war, obgleich der Esel ihm doch nichts zurückgeben konnte? Wer könnte solcher Größe sein Herz verschließen? Ich bin mir ziemlich sicher, dass Gott sogar *beide* zu sich holte, den alten Mann und den Esel, der zum Prüfstein menschlicher Güte wurde, beides Geschöpfe aus seiner Hand. Der Alte gab, was er hatte, ohne Bedingungen, und der Esel trank in Dankbarkeit. Reines Weiß.

Im Mitgefühl drückt Samartha, die weiße Form der Liebe, sich aus. Sie ist reine Güte und will nichts außer *sein* und *wirken*. Samartha nimmt Nachteile für sich selbst in Kauf, wenn jemand anderem Vorteile daraus erwachsen. Samartha ist die Kraft, die manche Menschen durchs Feuer gehen lässt. Auf Erden finden wie sie nur selten. Manchmal vielleicht zwischen Eltern und ihren Kindern. Manche Heldengeschichten berichten von ihr. Und natürlich: Spirituelle Gleichnisse geben ihr eine Stimme. Samarthas Größe liegt darin, dass sie sich klein macht und nichts für sich selbst will.

Hat die weiße Farbe der Liebe einen Platz auch in unserem Leben? In den Schulen und im Beruf regiert nur allzu oft das Schwarz der Ich-Fixiertheit. Unsere Familien und persönlichen Beziehungen sind die Domäne von Rot, wo das Auf und Ab unserer Gefühle regieren. Doch wo in meinem Leben sehe ich Weiß? Wofür wäre *ich* bereit, sogar auf den Himmel zu verzichten?

Die Liebe also schimmert in drei Farben: vom Schwarz der Blindheit über das Rot der Leidenschaft bis hin zum Weiß der Güte. Und natürlich in allen nur vorstellbaren Schattierungen dazwischen. Diese Farben beschreiben die Bewegung von der Dunkelheit ins Licht. Vom Nehmen zum Geben. Vom Festhalten zum Loslassen …

Tod und Heilung

Ist der Tod denn nicht anerkanntermaßen das *summum malum,* das Schlimmste überhaupt? Ist er nicht, was alle Wesen unter allen Umständen zu vermeiden und im Falle des Menschen auch unter Aufbietung aller medizinisch-technischen Möglichkeiten bis zum Äußersten hinauszuzögern suchen? Ist er – welch Ironie des Seins! – nicht jener große Unbekannte, den wir am meisten fürchten und doch das Einzige im Leben, das wir mit absoluter Sicherheit erfahren werden? Das faktische Ziel des biologischen Daseins, auf das alles hinausläuft, unumstößlicher noch als das Geschenk der nächsten Einatmung? Patanjali, der große Yogi, lässt uns im *Yogasutra* wissen, dass sogar die Weisen ihn fürchten, diesen Tod, den man in Indien auch *Yama* nennt, das bedeutet: *einhegen.* Der Tod setzt uns Grenzen.

Wer einmal die Gelegenheit hat, die letzten Stunden mit einem Sterbenden verbringen zu dürfen, kann konkret erleben, wie sich das körperlich vollzieht: als ein Ringen mit dem Atem. Die Atemzüge werden lang, sehr tief und oft auch laut. Der Atem verliert sein Gleichmaß, seine Sanftheit und Ruhe. Schließlich eine letzte Ausatmung. So hegt Yama das Leben ein. Grenze. Abschluss. Stille

Jemanden im Sterben begleiten zu dürfen ist ein großes Geschenk. Alle, mit denen ich darüber sprach – und berufsbedingt waren es viele –, sahen das so. Oft fühlten sie sich unverstanden von ihrem Umfeld (»Wie kannst du nur sagen, dass der Tod etwas Schönes an sich hat!«). Doch die letzten Momente mit einem geliebten Menschen gehören zweifellos zu den wichtigsten Momenten in dessen Leben überhaupt – der Zielpunkt, auf den alles zusteuert. Das kann nicht unwichtig sein! Und es kann auch kein *summum malum* sein, ist es doch ohne jeden Zweifel das Ziel, auf das jeder zugeht. Mindestens jedoch ein Zwischenziel, wenn wir hoffnungsvoll davon ausgehen, dass danach noch irgendetwas ist, es irgendwie noch weitergeht. »Das Sterben kann nicht so schlimm sein«, sagt der sterbende Folco Terzani zu seinem Sohn im Buch »Das Ende ist mein Anfang« und fährt fort: »Milliarden haben es vor uns getan!«[32]

Wie auf keine andere Weise kann durch den Tod in aller Lebendigkeit erfahren werden, dass die Vergänglichkeit keine leutselige Binsenweisheit ist, sondern handfeste, konkrete Realität. Jesu Diktum »Werdet Vorübergehende« wird nirgendwo begreifbarer als am Sterbebett – sei es als ein Begleiter oder als selbst Sterbender. Alle sind wir unterwegs dahin. Der physische Tod, mit dem wir den zur Last gewordenen Körper loslassen dürfen, kann – wenn er gewürdigt, wertgeschätzt und liebevoll begleitet wird – ein heilsamer und heiliger Moment sein. In seiner uns begrenzenden Unumgänglichkeit wird der Tod zum Lehrmeister für das Gegenwärtige. Jeder Moment ist einzigartig, einmalig … ganz wörtlich. Nur einmal im Leben erlebe ich genau das, was ich jetzt erlebe. Kein Moment kehrt wieder. Ein Vorübergehender zu sein bedeutet deshalb gegenwärtig sein.

Der Tod ist also eine doppelt heilsame Einladung: Uns mit dem *Nächsten* zu verbinden im Wissen um dessen Sterblichkeit, ihm vielleicht sogar ein Begleiter zu sein, wenn der Moment gekommen ist. Und uns mit diesem – mit jedem – Moment zu verbinden, denn alle Momente sind sterblich. Der Übergang, der Bardo oder das Werden: Sie sind die einzigen Konstanten des Seins. Patanjali sagt das sehr schön im dritten Kapitel des *Yogasutra,* wenn er uns wissen lässt, dass es der Wandel, *Parinama,* ist, in dem sich die Einheit aller Dinge ausdrückt. Die große Gemeinsamkeit allen Lebens ist das Prozesshafte, Veränderliche und letztlich ewig Ungreifbare.

Ist der Tod das Ende?

Bis hierher ging es uns um den Tod als *physisch unbezweifelbares Faktum.* Der Körper geht. So einfach. So klar. Darin allein schon liegt so viel Wahrheit und eine so starke Lektion, und doch ist längst nicht alles gesagt. Wer es gesehen hat: dieses letzte Ausatmen eines Menschen oder irgendeines anderen lebendigen Wesens, kann sich nur schwer einer Frage entziehen, nämlich: *Wohin ist gegangen, was gerade noch gegenwärtig war?* Was hat den Körper belebt, was hat ihm den Atem geschenkt? An welchem Ort ist es? Oder ist es gar nicht mehr?

Für wen Leben gleich Materie bedeutet und wer überzeugt ist, dass dieses sich allein körperlich ausdrücken kann – wer also ein Anhänger der *Philosophie des Materialismus* ist –, der hat es leicht mit seiner Antwort: Mit der letzten Ausatmung geht das Leben, denn nur im Stoff hat es ja seinen Grund. Danach ist nichts mehr. Aus. Vorbei. Bewusstsein erlischt mit dem letzten Atemzug und dem Untergang des physischen Körpers. Freilich: Dies Denken hat nichts von Heilung, nichts von Ganzheit. Das ist Schnitt, Ende, Trennung.

Allein: Nie konnte einer beweisen, dass diese Idee vom Tod wirklichkeitsgemäß ist! Sie ist eben nicht mehr als das: bloße Vorstellung, nur Annahme, so valide wie die Annahme eben des Gegenteils. Wer überzeugt ist, dass unser Bewusstsein, Geist, unsere Seele oder wie immer wir es nennen mögen, nach dem physischen Tod weiter existiert, darf sich getrost in den Gedanken hinein entspannen, ebenso wissenschaftlich oder unwissenschaftlich zu denken wie der philosophische Materialist. Auf der Ebene der Logik sind beide Annahmen nämlich gleich stark. Geht es indes um die Frage, was hilfreicher, was heilsamer ist – der materielle Reduktionismus oder die Idee von einem Weiterleben des Geistes nach dem physischen Tod –, sind diese beiden Positionen alles andere als gleich stark. Dazu ein kurzes Gedankenexperiment:

Wie würde ich heute handeln, wenn ich sicher wüsste, dass mein Leben *nicht* zu Ende ist, wenn der physische Körper endet? Was, wenn der Tod nur das Ablegen eines Mantels ist, wie Krishna es in der *Baghavad Gita* beschreibt? Wie würde mein Denken, Sprechen und Handeln aussehen, wenn ich wüsste, dass alle meine Gedanken, Worte und Handlungen, meine Erinnerungen, Gefühle und Überzeugungen das Gepäck sind, das ich einst in einen anderen

– nichtkörperlichen – Erfahrungsraum mitnehmen werde? (So wie wir jede Nacht in jenen nicht-physischen Erfahrungsraum eintreten, den wir, wenn wir wieder »wach« sind, dann einen Traum nennen.) Welcher Gedanke ist hilfreicher? Dass wir bloß körperlich sind? Der Strich, der einst auf unserem Grabstein zwischen Geburts- und Todestag stehen wird? Oder dass das Sein größer ist als Knochen, Muskeln, Blut und Hirn? Welche Vorstellung ruft mehr *Verantwortlichkeit* in uns wach: ein Leben, das final endet, oder die Idee des Kontinuums, einer Reise, auf der wir alle uns befinden – einer Reise, bei der der Tod nur ein Übergang ist?

Noch einmal in aller Klarheit: Dass der Tod existiert im Sinne einer Auslöschung des Bewusstseins ist ebenso nur eine Annahme wie die Aussage, dass die Existenz ausschließlich materieller Natur sei und als solche die Grundlage aller Phänomene. Das sind alles nur Annahmen, nichts als Annahmen. Sie sind wissenschaftlich weder beweisbar noch widerlegbar oder falsifizierbar, wie man auch sagt. Damit ist eine Aussage wie »Der Tod ist die Auslöschung unseres Bewusstseins« per se unwissenschaftlich ebenso wie die Aussage des Gegenteils. Somit wird die Antwort auf die Frage, ob es ein Leben nach dem Tod gibt, zu unserer persönlichen Entscheidung: Woran will ich glauben und wie beeinflusst es mein Leben?

Wer sich unkritisch ganz und gar auf die Annahme einlässt, der physische Tod sei das Ende seiner Existenz, läuft Gefahr, ein Leben im Geiste von »Nach-mir-die-Sintflut!« zu leben. Steht der Vertreter des Physikalismus dann einst selbst in schwerer Krankheit kurz vor dem Tod, so weist keine Perspektive mehr über dieses trostlose Sein hinaus. Dann ist der Tod nur noch Not. Das physische Leben wird, so spüre ich, bedeutungsvoll erst in der Transzendenz seiner selbst, im Jenseitsbezug – im Sein dessen, was darüber hinausgeht. Dann wird der Tod zum *Peak Point,* zu einem Geschenk des Lebens. *Tatagata* sagte einst Buddha: einer, der die Begrenzungen Yamas gesprengt hat und *darüber hinaus gegangen* ist.

Ein Vorgeschmack auf das Sein nach dem Tod

Es gibt gute Argumente dafür, ein Weiterleben nach dem Tod zumindest nicht auszuschließen. Es verändert in positiver Weise das Leben im Hier und Jetzt. Doch anderes noch spricht für ein solches Weiterleben, nämlich konkrete Erfahrungen, die Menschen immer wieder machen, vor allem in lebensbedrohlichen Krisensituationen. Gerade in jüngster Zeit rücken Nahtoderfahrungen (NTE) immer stärker in den Fokus der Öffentlichkeit, zu groß ist die schiere Zahl von Menschen, die von jenseits der Nulllinie auf dem Elektrokardiogramm (EKG) zurückgeholt werden und aufregende Erlebnisse mitbringen. Es sind so viele Menschen, und ihre Erfahrungen sind so tiefgreifend – in aller Regel zutiefst positiv und lebensverändernd –, dass sie sich zu Selbsterfahrungs-Netzwerken zusammenschließen, zum Beispiel das *Netzwerk Nahtoderfahrung*, das deutschlandweit aktiv ist. Auch auf internationaler Ebene gibt es solche Vereinigungen, die das Thema erforschen, sich austauschen und so ihre Erlebnisse integrieren können.

Einmal an der Schwelle des Todes gestanden zu haben – das bedeutet: klinisch tot gewesen zu sein, Nulllinie auf dem EEG, keine Aktivität des Gehirns mehr –, nimmt den meisten ihren Glauben an und die Angst vor dem Tod. Vom Tod auszugehen ist eben nicht mehr als ein bloßer Glaube. Eine einzige Erfahrung schon kann diesen Glauben auslöschen und ersetzen durch das, was Patanjali *Ritambra Prajna* nennt: *wirkliches Wissen*. Welch Heilung! Den Tod als *falschen* Glauben, als Illusion erkannt zu haben!

An diesem Punkt nun betreten wir das weite Feld *transpersonaler* Erfahrungen, wie Stanislav Grof sagen würde. Vielen Menschen »geschehen« diese Erfahrungen meist in einer Krise, doch man kann sie auch bewusst suchen, so zum Beispiel das Phänomen der *außerkörperlichen Erfahrung*, das ich viele Male erleben durfte und über das ich in diesem Buch auch berichten möchte. Der Yoga der alten Zeit legt davon immer wieder Zeugnis ab: Transpersonale Erfahrungen werden als natürliche Phänomene auf dem Weg inneren

Wachstums gesehen, als ein Weg, auf dem wir zunehmend Begrenzungen loslassen. Wir verkaufen uns zu billig, wenn wir das Leben auf seine körperlich-materielle Dimension begrenzen. Dann ist der Tod nichts als eine Bedrohung. Aus Sicht einer gereiften Spiritualität ist er nur Übergang. Dem tiefen Yoga ist das ganze Leben eine Vorbereitung auf den Tod. Auch Sokrates, der griechische Weise, sprach so davon. Und wir leben mit dem Ziel, unsere Unsterblichkeit zu erfahren. Dann sind wir heil. Ganz. Nicht mehr getrennt vom wahren Sein. Ich möchte diesen Abschnitt mit den ungewöhnlichen Worten von Dr. Dianne Morissey, einer Frau, die 1977 klinisch tot war und zurückkam, schließen:

> „Wenn ich eine Milliarde Jahre lebte, in meinem Körper oder deinem, so gäbe es nicht eine einzige Erfahrung auf der Welt, die je so gut sein könnte, wie tot zu sein."[33]

Der Wirklichkeit begegnen

Wie der Krieger Arjuna dem Absoluten begegnete

Als der Bogenschütze Arjuna, der Held der *Bhagavad Gita,* einst auf dem Schlachtfeld von *Kurukshetra* stand, die feindlichen Truppen vor Augen, da verzweifelte er und wollte nicht mehr kämpfen. In den Reihen der gegnerischen Truppen waren Bekannte, Freunde, Lehrer und Verwandte. So unvermeidlich wie falsch erschien ihm dieser Krieg. Das brachte ihn in seine tiefste Krise (siehe auch → Seite 89f., 93f.)

Arjuna war nicht allein auf seinem Streitwagen. Krishna war als sein Ratgeber bei ihm. Obgleich die beiden schon als Kinder zusammen spielten, war dem Krieger nicht bewusst, dass sein alter Spielkamerad nicht »einfach nur« ein Mensch war. Vielmehr war er ein *Avatar,* eine Inkarnation des Höchsten, wenn man so will: Gott, der sich als Mensch verkleidet hatte. Unmittelbar vor der Schlacht, im Angesicht des drohenden Gemetzels, wird Arjuna die Wahrheit über seinen Freund erfahren und dessen wirkliche Größe schauen: In einer Vision Gottes, die Krishna ihm schenkt.

Du bist unsterblich

Krishna erklärt dem verstörten Krieger, dass das Höchste sich immer wieder in der Welt als Mensch zeigt, wenn das Böse überhandgenommen hat:

> „Um das Gute zu beschützen, das Böse zu zerstören
> und den Dharma wieder zu errichten, erscheine ich
> so Zeitalter um Zeitalter.“[34]

Über *Dharma* haben wir gesprochen (→ Seite 88), das Wort steht für die Wahrheit, für die Gesetze des Kosmos, für alles, was gut und richtig ist. Meist erkennen die Menschen Avatare nicht. Oft wurden sie verfolgt und getötet. »Die Dummen«, sagt Krishna, »denken, ich sei körperlich und erkennen nicht meine wahre und höchste Natur, die nicht-manifest und unveränderlich ist.« Nicht-manifest und unveränderlich, das meint: ungeboren und unsterblich. Und es meint eigentlich das Unvergängliche und Unsterbliche, *das in uns lebt* – Absolutes, reines Bewusstsein, der »Funke Gottes«, der uns belebt. Bewusstsein stirbt nicht, es tritt nur in immer neue Erfahrungsräume ein, entwickelt sich, entfaltet sich. Leben und Tod sind das Lern-Spiel-Feld unserer Seele. Was stirbt, ist nur der Körper, nicht unser essenzielles Sein, das sich immer wieder neue Erfahrungsräume sucht.

Ich will Gott sehen

Auf einer *intellektuellen* Ebene gelingt es Krishna mit poetischen Worten und intensiven Bildern, Arjuna von der Unsterblichkeit der Seele zu überzeugen. Doch der Krieger mag sich damit nicht zufrieden geben. Er will es wirklich wissen, vital und real: Nach einer *eigenen Erfahrung* dürstet ihn. »Ich will Gott sehen!« Krishna erfüllt seinem Freund und Schüler Arjuna diesen Wunsch und schenkt ihm die *Vision der kosmischen Form* – so der Titel des elften Kapitels der *Bhagavad Gita.* Es ist eine umwerfende Erfahrung, die Arjuna da macht, jenseits hübscher Bilder und weitab jeder Romantik oder weichgespülter Gefälligkeits-Spiritualität. Was Arjuna sieht, ist im Gegenteil höchst irritierend, überwältigend und letztlich sogar unerträglich. Zu groß ist das Absolute, als dass man sein Antlitz aushalten könnte. Doch hören wir Arjunas eigene Worte:

> »Ich sehe dich: Ohne Anfang, Mitte und Ende, unendlich in deiner Macht. Deine Arme sind zahllos, die Sonne und der Mond sind deine Augen, und dein Mund gleicht einem flammenden Feuer, welches das All mit deinem Strahlen durchflutet. Der Anblick deiner unbegreiflichen Gestalt ängstigt alle Welten – und so auch mich. Deine Münder habe ich gesehen: Ihre Fänge sind flammend wie die Feuer von Pralaya, in welchen sich das All auflöst. Jede Orientierung habe ich verloren, und Frieden kann ich so nicht finden. Sei gnädig, Herr!«

Und dann sieht Krishna das unausweichliche Schicksal der Krieger auf dem Schlachtfeld:

> »Sie alle stürmen in deinen schrecklichen Rachen mit seinen furchtbaren Zähnen. Einige verfangen sich darin, und ihre Häupter werden zu Pulver zermahlen. Wahrlich, so wie die vielen Ströme der Flüsse in den Ozean fließen, genauso gehen diese Helden der Menschenwelt ein in deine flammenden Münder. Wie Motten in das brennende Feuer fliegen, um darin zu vergehen, genauso eilen all diese Wesen in deine Münder, um darin zu vergehen.«

Während Arjuna mit Erschrecken der unendlichen Macht Gottes gewahr wird, sagt Krishna diesen großen Satz:

»Ich bin die Zeit, mächtig und alles verschlingend,
ich bin gekommen, die Welt zu zerschlagen.«

Es war dieser Satz Krishnas, den 1949 Julius Robert Oppenheimer sagen sollte, jener Physiker, der das Manhatten-Projekt leitete, das zum Bau und Einsatz der ersten Atombombe führte. Oppenheimer sagte diesen Satz voller Entsetzen im Angesicht des Leides und der Zerstörung, die sein Werk über die Menschen gebracht hatte. Er wandte sich ab von dieser Kriegstechnologie und bezahlte mit seiner Karriere und wurde deshalb sogar zum politisch Verfolgten der McCarthy-Ära, einer Hexenjad auf Kommunisten in den 1950er-Jahren der USA.

Doch zurück zu Krishna und Arjuna: Wenn Gott ***Alles*** ist, das erkennt Arjuna nun erfüllt mit Ehr*furcht,* dann muss dies ***Alles*** auch das Schreckliche mit einschließen. Wir können uns nicht einfach eine Seite der Dualität aussuchen, die uns gefällt, und es aus der Ganzheit herausdefinieren. All das Weh und all die Gewalt der Welt: Auch sie sind ein Teil der Ganzheit. Das mag uns nicht gefallen, doch es lässt sich auch nicht negieren. Andererseits, so meine ich, dürfen wir darauf hoffen, dass der Kosmos in dieser seiner Ganzheit schon »weiß, was er tut«, dass in einem transzendenten und fundamentalen Sinne also alles richtig ist, wie es ist, und jedes einzelne Wesen seinen Platz darin hat: Wir spielen eine Rolle auf der Bühne des Seins, wie klein oder groß sie auch immer sein mag.

Krishna erinnert Arjuna daran, wer er ist: Ein Krieger, dessen Dharma es ist, zu kämpfen. Das ist es, was »dran ist« in diesem Moment. Geh hinein in diesen Moment! In voller Gegenwärtigkeit! Und im sicheren Bewusstsein, dass ***Ich-Gott*** bei und mit dir bin auf all deinen Wegen.

Ich möchte den Bericht über Arjunas Gotterfahrung schließen mit tröstlichen Worten aus Krishnas Mund, denn auch davon gibt es viele in der *Bhagavad Gita,* dem zeitlosen Weisheitsbuch der Mystik:

> »Ich bin das Eine, das erkannt werden muss, die reinigende Kraft, die Silbe OM. Ich bin das Ziel des Lebens und der Pfeiler der Welt. Ich bin Anfang und Ende, Grund und Schatzkammer, unsterblicher Same. Ich schenke Wärme wie die Sonne, halte den Regen zurück oder schicke ihn aus. Ich bin Unsterblichkeit und Tod. Sein und Nichtsein – das bin ich, Arjuna.«

Dieses sollten wir nie vergessen: Wir sind ein Teil von *Allem-was-Ist.* Der Kosmos, ja Gott selbst, kann nur ganz sein mit uns darin. Es sind unsere Augen, durch die er in die Welt schaut und jeden Tag aufs Neue erschafft. Selbst ein Reiskorn enthält die ganze Ewigkeit …

Praxis: OM-Pranayama

»Ich bin die Silbe OM«, sagt Krishna, jener Klang, der die uranfängliche Manifestation der Schöpfung darstellt. Diesen Klang immer wieder zu sprechen, hörbar oder nur innerlich, empfiehlt uns Patnajali im ersten Kapitel des *Yogasutra.* Und er sagt dazu, dass wir es im Bewusstsein tun sollten, wofür dieser Klang steht: für die Kraft des Absoluten.

- Setzen Sie sich bequem hin mit natürlich aufrechtem Oberkörper. Schließen Sie die Augen, nehmen Sie Ihren Atem wahr und kommen Sie einen Moment zur Ruhe.
- Nehmen Sie nun einen befriedigenden Atemzug und halten Sie den Atem in der Fülle an. Bleiben Sie etwas in der Atempause – einen Moment lang nur.
- Dann atmen Sie langsam aus und chanten dabei die Silbe OM. Geben Sie unbedingt dem schwingenden, summenden M genügend Zeit: Ooooooommmmmmmm ….
- Machen Sie drei, fünf oder mehr Atemzüge auf diese Weise.

- Wenn Sie das letzte Mal ausatmen, verweilen Sie etwas in der Atempause danach ... warten Sie auf den Moment, wenn der natürliche Einatem von selbst wieder kommt. Dann bleiben Sie noch einen Moment in Ruhe sitzen und spüren nach.

Sich immer wieder mit dem Klang OM zu verbinden, der Stimme des Absoluten, ist der Weg zur Erkenntnis, sagt Patanjali, und weiter:

> »Durch diese Übung richtet sich das Bewusstsein nach innen, und die Hindernisse auf dem Weg werden überwunden.«

6
Parallelen

»Wer Ohren hat, soll hören.
Es ist Licht in einem Menschen des Lichtes,
und es leuchtet auf die ganze Welt.
Wenn es nicht leuchtet, ist es dunkel.«

Jesus, Thomas-Evangelium

»Ich habe Feuer geworfen auf die Welt«

Wie Yeshua zu Jesus wurde

Konstantin, seines Zeichens Caesar von Rom, hatte unmittelbar vor einer Schlacht einen Traum. Darin erschien ihm ein Kreuz, das die Aufschrift trug: »In diesem Zeichen wirst du siegen.« So sollte es auch kommen. Für den Kaiser war klar, dass es nur eine Botschaft von Gott selbst sein konnte, jenem Christengott, dessen Anhänger vom Römischen Reich doch so erbarmungslos verfolgt wurden. Doch Zeiten ändern sich.

Im Jahre 325 berief Konstantin eine Konferenz in Nicäa ein – das liegt auf dem Gebiet der heutigen Türkei –, um die unter den Christen so streitige Frage zu beenden, ob Jesus ein Mensch gewesen sei oder ein Gott. In dieser Auseinandersetzung flogen die sprichwörtlichen Fetzen.

Gnostiker nannte man mit verächtlichem Ton jene, die Jesus »nur« für einen erleuchteten, spirituellen Lehrer hielten, einen großen Lehrer, wie es andere gab, die zu anderen Zeiten an anderen Orten wirkten. Ihre Position sollte sich aber nicht durchsetzen. Jesus mag zwar wie ein Mensch ausgesehen haben, doch für die Feinde der Gnostiker war er Gottes Sohn, eins mit Gott und daher Gott selbst. Und als solcher war er künftig auch anzubeten.

Man stritt in Nicäa auch darum, welche Schriften künftig noch gelesen werden durften, denn es kursierten unzählige davon unter den Anhängern Jesu. Man einigte sich schließlich auf jene Texte, die uns als *Neues Testament* überliefert wurden. Und man verbot und verbrannte alles andere, dessen man habhaft wurde. Wer es dennoch wagte, etwas anderes zu lesen oder gar zu verbreiten, ging ins Feuer.

Jesus bekam seinen römisch klingenden Namen übrigens ebenfalls erst auf dem Konzil, denn er war Jude und sein wirklicher Name war *Yeshua*.

Das Thomas-Evangelium (1)

Einige Exemplare der verbotenen Texte aber konnten versteckt werden und überstanden Zensur und Verbrennung. Eines der beeindruckendsten Dokumente darunter ist zweifellos das *Thomas-Evangelium*. Darin begegnet uns Yeshua nicht als ein ferner Gott, sondern ganz und gar als Mensch: als ein Weiser, Erleuchteter, so wie ihn die Gnostiker verstanden, die sagten, dass jeder Mensch die tiefste Wirklichkeit in sich selbst finden kann. Im *Thomas-Evangelium* will Yeshua nicht angebetet, sondern *verstanden* werden: »*Wer die Auslegung dieser Worte versteht*«, so beginnt diese Aufzeichnung von 114 Lehrsprüchen des Meisters, »*wird den Tod nicht schmecken.*« Was für ein Versprechen!

Die Unsterblichkeit oder das Himmelreich, wie Yeshua es lehrt, ist unser aller Erbe. Doch wir müssen schon etwas *tun*, um es zu betreten, nämlich suchen und anklopfen. Das Himmelreich Yeshuas, das er manchmal auch Königreich nennt, meint keinen Ort, fern von hier und heute, sondern einen Bewusstseinszustand hier und jetzt. Eben darin liegt der *gnostische Sprengstoff* seiner Botschaft.

Gnosis heißt nichts anderes als: Erkenntnis, Selbst-Erkenntnis. *Jnana* nennen das die Yogis, und genau daher kommt auch das Wort Gnosis. Jeder – auch du und ich – können spirituelle Verwirklichung erlangen. Wer braucht da noch einen Gott aus Stein? Und wer vermag den zu beherrschen, der innerlich vollkommen frei ist? Ein Alptraum für jeden Machthaber! Die römisch-katholische Antwort darauf war das Feuer der Inquisition.

Das Feuer Yeshuas

Auch Yeshua spielte mit dem Feuer, ja sogar mit seinem Leben, schließlich fiel er ja im Kampf gegen die »Pharisäer und Gelehrten«, wie er jene Offiziellen nannte, die sich zwischen die Menschen und ihr inneres Licht stellten.

Die Idee des Feuers geht natürlich sehr viel tiefer, wenn Yeshua einen Satz sagt wie diesen: »*Ich habe Feuer geworfen auf die Welt, und seht, ich hüte es, bis es lodert.*« Das klingt hart. Erschreckend fast. Aber es kommt noch schlimmer, denn nicht nur vom Feuer sprach er, sondern auch vom Schwert und vom Krieg, die er auf die Erde bringen wolle. Doch kein Schwert aus Stahl meinte er und keinen Krieg unter Männern. Es ist vielmehr eine *mystische* Botschaft. Was brennen muss, sind keine Körper, sondern unser Geist. Ihn will Yeshua – und alle Mystiker mit ihm – in Flammen stecken. Reinigende, nicht strafende Flammen. Heiliges, heilendes Licht.

Das Feuer des Meisters meint unsere *Bemühung:* Etwas **tun** musst du, sagt Yeshua, einen Weg gehen, dich reinigen und einer spirituellen Praxis folgen, wenn du durch die Tür des Königreiches gehen willst. Dieser Reinigungsweg ist, wie das Leben überhaupt, nicht immer leicht: Wer schon will anschauen, was tief auf seinem Geistfeld vergraben liegt, längst vergessen und verdrängt, jenes schmerzhafte Unkraut, das dort Wurzeln schlug? Wer schon schneidet das ab mit dem Schwert der Unterscheidungskraft? Doch nur, was wir anschauen, können wir auch loslassen. *Vergebung* nannte es Yeshua. Sie erst macht reife Wesen aus uns. Das aramäische Wort für *reif* heißt übrigens *tub.* Und *bisha* ist das Gegenteil davon. Reif und unreif – diese beiden Worte wurden uns als *gut* und *böse* übersetzt. Welch Beugung der Botschaft! Um die Seelenreife ging es Yeshua. Um das Verbrennen des Unkrauts, jenes »mentalen Sperrmülls«, der uns den freien Blick auf *Malkutha,* das Königreich in unserem Herzen, verstellt. Yeshua wollte unser Ego brennen sehen, damit wir wahre Menschen seien.

Die universelle Botschaft des Feuers

Das ist die *universelle Botschaft des Feuers,* wie wir sie auch in der Mystik des Yoga finden. Dort nennt man die Hitze *tapas. Tapas* heißt Bemühung, Arbeit – aber auch Schmerz. Wo man sich anstrengt, so die Botschaft, da wird es eben heiß; wo man sich verändert, entstehen Reibung, Widerstand und Schmerz. Und wo Neues geboren wird, ist das nicht anders: Das englische Wort für den Geburtsschmerz, die Wehen, lautet sinnigerweise *labor,* das heißt zugleich Arbeit. Und auch im Deutschen kennen wir die tiefgründige Doppelbedeutung von Arbeit und Leid: sich abmühen, sich abquälen, schuften, besonders in: *sich plagen* oder im sprichwörtlichen Fließen von »Blut, Schweiß und Tränen«.

Das Nach-innen-Schauen – die Selbsterforschung und Meditation – kann ein mühsamer, schmerzhafter Prozess sein. Die Hitze der Reinigung oder Läuterung ist aber keine Strafe, sondern sie schmilzt nur das Gold aus dem Erz und macht Diamanten aus Kohle, mit anderen Worten: Sie holt das Beste aus uns Menschen – die Perle oder den großen Fisch, wie Yeshua gern sagte: Sie bringt den *Neuen Menschen* zur Welt – wenn man so will: das Christuskind in uns.

Das also ist der Weg des Feuers: Es ist ein Weg des Geistes. Unser Geist ist die Welt, auf die Yeshua sein Feuer warf, sein Licht, seine Hitze, seine Energie. Er hat Feuer geworfen auf unsere Geist-Welt, nicht um uns zu verbrennen, sondern um uns zu heilen. Deshalb sagt Yeshua im *Thomas-Evangelium* auch, dass »gesegnet ist, wer gelitten hat und das Leben fand«. Im Aramäischen bedeutet das Wort *gelitten* zugleich *gearbeitet.* Es ist die gleiche Doppelbedeutung wie das gerade erwähnte Sanskritwort *tapas.* Die Botschaft Yeshuas und die Botschaft des Yoga: Sie sprechen eine gemeinsame Sprache. Das kann auch gar nicht anders sein, denn beides sind die Sprachen der Mystik.

Werden wie Er

Wie weit doch das Feuer der Kirche vom Feuer Yeshuas entfernt liegt! Doch zum Glück werden die Menschen heute nicht mehr bestraft, wenn sie ihr inneres Licht suchen und den Christusgeist in sich selbst verwirklichen wollen – jedenfalls nicht da, wo *wir* leben. Es sei daran erinnert, dass auch heute noch Orte auf der Welt existieren, wo man sterben muss, wenn man der offiziellen Lehre widerspricht und *Gott in sich selbst* sucht. Wer mag da noch behaupten, Geschichte wiederhole sich nicht?

Was Nicaäa anlangt: Der Konferenzbeschluss beansprucht bis heute Gültigkeit. Doch dieses vergilbte Blatt Papier kann uns nicht daran hindern, die Nachfolge Yeshuas anzutreten, *um einmal zu werden wie Er.*

»Du hast getrunken aus der sprudelnden Quelle« – der Yoga Jesu

Einmal sagte Yeshua zu seinen Schülern:

> »Vergleicht mich mit jemandem und sagt mir,
> wem ich gleiche.«

Yeshuas Schüler gaben ganz unterschiedliche Antworten. Shimon Kefa, den wir Petrus nennen, hielt ihn für einen Engel. Matai (Matthäus) meinte, sein spiritueller Lehrer sei ein weiser Philosoph. Schließlich gab Toma (Thomas) folgende Antwort: »Meister, ich bin schlicht nicht imstande zu sagen, wem du gleichst.« Yeshua muss sehr beeindruckt gewesen sein von dieser Antwort und erwiderte:

> »Ich bin nicht länger dein Meister, denn du hast getrunken
> und wurdest berauscht von der sprudelnden Quelle,
> aus der ich komme.«

Was hatte Yeshuas Schüler gefunden? Warum war er nicht in der Lage zu sagen, wem sein Meister gleicht?

Man nennt Toma auch den *Ungläubigen*, weil er nicht glauben konnte, dass Yeshua seinen Jüngern kurz nach seinem Tod noch einmal erschienen war, denn er war bei diesem Ereignis nicht selbst mit dabei. Er glaubte nicht, was er nicht mit eigenen Augen gesehen hatte. So erschien Yeshua seinen Jüngern noch ein zweites Mal, und Toma konnte sich nun selbst davon überzeugen. Er wollte sogar seine Hand in Yeshuas Wunden legen, um wirklich überzeugt zu sein. *Jetzt* musste er nicht mehr glauben. *Jetzt* war er zugegen. Jetzt erst *wusste* er.

Das Thomas-Evangelium (2)

Toma hinterließ der Menschheit ein bemerkenswertes Dokument: Eine Schriftrolle mit 114 Lehrsprüchen seines Meisters, die erst nach dem Zweiten Weltkrieg entdeckt wurde. Sie lag 2.000 Jahre lang vor kirchlicher Zensur und Zerstörung behütet in einem Tonkrug in einer Höhle unweit von Nag Hammadi in Ägypten. Tomas' Text erlangte weltweite Aufmerksamkeit und ist seither als das *Thomas-Evangelium* bekannt.

In diesem bemerkenswerten Dokument ist nichts zu lesen von Yeshuas Leidensweg und seinem Tod am Kreuz. Yeshua tritt uns darin nicht als ein Heiliger gegenüber, den wir anbeten, auch nicht als Wunderheiler, schon gar nicht als ein Gott, an den wir *glauben* sollen. Vielmehr begegnet er uns als Mensch und spiritueller Lehrer, der uns auffordert, uns auf die Suche zu machen, um etwas in uns selbst zu entdecken und durch eigene Erfahrung zu *Wissen* zu gelangen: »Sucht, und hört nicht auf zu suchen, bis ihr findet«, sagt Yeshua. Er zeigt mit dem Finger, weist einen Weg. Wie Toma können wir sein, so seine Botschaft, auf der Suche nach wirklichem Wissen. Aber *gehen* müssen wir den Weg schon selbst. Kein Weiser, auch Yeshua nicht, konnte jemals seine Schüler erleuchten. Wir können unserem inneren Licht nirgendwo begegnen außer in uns selbst und durch uns selbst.

Im Thomas-Evangelium ist übrigens keine Rede davon, dass die Menschen viele Sünden begangen hätten, die Yeshua nun auf seine Schultern nehmen müsse. Kein Wort von Schuld steht da geschrieben, doch umso mehr vom Irrtum: Davon, dass wir nicht wissen, wer wir im Innersten sind, dass wir uns täuschen, wenn wir meinen, unser Wesen sei begrenzt auf Körper, Sinne, Gedanken, Erinnerungen, Geschichten und Gefühle, mit anderen Worten: auf jenen fragilen und dauernd sich verändernden Flickenteppich, den wir unser *Ich* nennen – mehr Konzept als Realität. »Betrunken« seien wir, sagt Yeshua deshalb, und weiter: *»Meine Seele schmerzte wegen der Menschenkinder, weil sie blind sind in ihren Herzen und nicht sehen.«*

Das yogische Wort für diese Blindheit heißt *Avidya,* wörtlich *nicht sehen.* Es meint jenen spirituellen Irrtum, in dessen Folge wir immer wieder Leid oder *Dukha* erfahren – seelisch, geistig, körperlich. Die spirituelle Philosophie Indiens lehrt, dass Avidya die Grundursache all unserer Lebensprobleme ist.

In Yeshuas aramäischer Muttersprache heißt diese Blindheit *Hataha,* ein Wort, das uns als *Sünde* übersetzt und so mit der Idee der Schuld beladen wurde. Dabei meint es nichts anderes, als dass wir im Irrtum leben oder *daneben liegen*, solange wir nicht existenziell erkennen, dass wir spirituelle Wesen sind. Und eben das ist auch der Ausgangspunkt des philosophisch-spirituellen Denkens des Yoga oder des Buddhismus oder aller spirituellen Wege der Menschheit überhaupt. Insofern dürfen wir Yeshua mit Fug und Recht einen Yogi nennen.

»Wenn ihr einen seht, der nicht von einer Frau geboren wurde«, so heißt einer von Yeshuas Lehrsprüchen, »werft euch nieder und erweist ihm Verehrung. Dies ist euer Vater.« Ein Zen-Lehrer würde vielleicht dieses *Koan* benutzen, ein »spirituelles Rätsel« für die Meditation: »Wie sah dein Gesicht aus, bevor du geboren wurdest?«

Tief in unserem Inneren ist etwas lebendig, etwas Heiliges, Ewiges, Unsagbares, Ungeborenes und Unsterbliches, etwas, das alles Physische transzendiert: **Das** sind wir in Wahrheit. Diesem inneren Licht, das wir sind, sollte unsere Verehrung gelten, so Yeshua. Die Yogis nennen dies Licht reinen Gewahrseins *Atman:* das, was uns den Atem schenkt. Oder auch *Purusha:* das, was in uns wohnt. Viele andere Namen noch fanden sie für das unsterbliche Selbst, das wir sind. Und Atman, das innere Licht, ist eins mit *Brahman,* dem Absoluten, sagen die Upanishaden, Indiens älteste mystische Schriften. Wenn wir so wollen: Das höchste Bewusstsein oder Gott wohnt in uns und blickt durch unsere Augen in die Welt. Gott in uns selbst entdecken, darum also geht es Yeshua.

ABWUN

Yeshuas Wort für Gott oder das Absolute heißt *ABWUN.* Man übersetzte es uns als *Vater*, doch es kann ebenso auch Mutter heißen … oder Kosmos … oder Vater-Mutter-Kosmos … das ganze Sein … . ABWUN, so meine ich, erinnert uns nicht nur von ungefähr an den universellen Klang AUM, jene Silbe, mit der man den Inhalt aller Upanishaden in einem einzigen Klang verdichtet:

Das A markiert die Geburt, den Eintritt ins Leben. Das angehängte BW, über das wir sprachlich fast ein wenig stolpern, erinnert uns an die »Holprigkeit«, mit der die Geburt verbunden ist: Es ist kein leichter Vorgang, auf die Welt zu kommen. Das U steht für die Entfaltung der Existenz, für die Evolution, die schließlich im summenden M ausschwingt: Die Auflösung in den Ursprung. ABWUN oder AUM ist dieselbe Botschaft. Kommen, Werden, Gehen …

Auf die Frage, die wir eingangs stellten – »Was hat Yeshuas Schüler Toma wohl gefunden?« –, kann die Antwort also nur lauten: Sein innerstes Wesen und Licht. Er erkannte seine spirituelle Natur und trat ein in jenen Zustand, den Patanjali *Yoga* nennt. *Christusbewusstsein* ist ein anderes Wort für dieses Verbundensein mit dem inneren Licht, ein ganz und gar unsagbarer Zustand, der sich dem Denken und den Worten entzieht. Eben deshalb muss Toma erklären, dass er nicht in der Lage ist, zu sagen, wem sein Meister gleiche. Wo die anderen Schüler ihren Blick auf Yeshuas äußere Form richteten – auf seine Engelhaftigkeit oder sein Philosophentum – da verstand Toma, dass Yeshua mit seiner Aufforderung »Sagt mir, wem ich gleiche« nach der ihm innewohnenden *Wesenhaftigkeit* fragte, nach dem namenlosen, formlosen und ewigen Sein, das in ihm ebenso wie in allen Wesen wohnt. Es ist dies die mystische Botschaft der Wiederauferstehung oder des *Second Coming,* wie man im Englischen ausdrucksvoll sagt. Der *alte Mensch* – der Mensch, der im spirituellen Irrtum lebt – stirbt, und der neue wird geboren, erleuchtet, klar und weise, wissend um die absolute Wirklichkeit, die in ihm lebendig ist. Wir sind das Christuskind, und wir sind Maria, die es zur Welt bringt, jeder in seinem eigenen Herzen. Wir sind die Krippe, in die hinein es geboren wird.[35]

Was Yeshua und sein Schüler Toma verkörpern – wieder- oder neugeborene Wesen, die in vollen Zügen aus der sprudelnden Quelle Gottes gekostet haben –, das können auch wir selbst sein. Dies ist das Ziel des Yoga … das Ziel Yeshuas … *das Ziel aller spirituellen Wege der Menschheit* seit Urzeiten.

Und natürlich ist dies auch die leider längst verloren gegangene Botschaft des Weihnachtsfestes: Es will uns daran erinnern, dass wir das Christuskind in uns suchen und finden, dasselbe Christuskind, das im Herzen unseres Nächsten lebt. Wenn dies eines Tages geschieht – sei es nun durch unsere Bemühung auf dem Weg oder durch Gnade –, dann *wissen* wir wie Toma und müssen nicht mehr glauben. Was werden wir wohl finden auf unserer Suche? Wie wird es sich anfühlen? Es muss wohl ein ganz und gar wundersames Erlebnis sein. Yeshua sagt:

> »Wenn ihr findet, werdet ihr verwirrt sein. Wenn ihr verwirrt seid, werdet ihr euch wundern und herrschen über das All.«

Könnte ein Transformationserlebnis auch weniger sein als verwirrend? Das All, über das wir dann herrschen werden, so meine ich, wird unser eigener, innerer Kosmos sein – ein Spiegel des Makrokosmos.

Das Geheimnis der drei Worte

Ich möchte zum Schluss nicht vergessen, zu erzählen, wie das Gespräch zwischen Yeshua und seinen Schülern weiterging, nachdem Toma sagte, dass er nicht ausdrücken könne, wem sein Meister gleiche: Yeshua nahm Toma zur Seite, so heißt es, und sagte ihm drei

Worte. »Was hat der Meister zu dir gesagt?«, wollten Tomas Gefährten natürlich wissen. Toma antwortete:

> »Wenn ich euch eines der Worte sage, die er zu mir sprach, werdet ihr Steine aufheben und mich steinigen, und Feuer wird aus den Steinen kommen und euch verschlingen.»

Stellen wir uns vor, Toma hätte laut gesagt, dass er Gott in sich gefunden hätte. Wer hätte ihm wohl geglaubt? Seine Freunde hätten ihn sicher abgelehnt, sogar angefeindet. Womöglich wäre er sogar gekreuzigt worden. Wäre Yeshua ein Inder gewesen, so stelle ich mir gerade vor, dann hätte er vielleicht diese drei Worte zu Toma gesagt:

TAT TVAM ASI
Du bist DAS

Zurück zum Anfang der Dinge

> „Der Mensch, alt an Tagen, wird nicht zögern,
> ein kleines Kind von sieben Tagen
> nach dem Ort des Lebens zu fragen,
> und dieser Mensch wird leben."
>
> Jesus, Thomas-Evangelium

Yeshuas Name ist ein Fingerzeig auf seine Botschaft. Darin steckt *Yah,* wie wir es auch in *Yahweh* finden, dem hebräischen Wort für Gott. Und die Silbe *shua* verweist auf die Idee der Rettung, Heilung oder Ganzwerdung. Yeshuas Name transportiert damit schon die ganze Botschaft, die er uns bringen will: Das Wieder-eins-Werden mit der Quelle, aus der wir kommen – jener Quelle, die wir nie verlassen haben, weil wir aus der Ganzheit nie herausfallen können. Dennoch fühlen wir uns manchmal getrennt oder verlassen, weil wir vergessen haben, woher wir kommen und damit scheinbar verloren, womit wir doch immer zutiefst verbunden sind. Yeshua, Weisheitslehrer und verwirklichtes Wesen, will uns daran erinnern, damit wir uns selbst erinnern.

Wenn Yeshua vom Höchsten sprach, von jenem Gott, der in unserer Fassung der Bibel *Vater* genannt wird, dann nannte er ihn ABWUN. Doch ABWUN ist nicht männlich wie der Vater oder weiblich wie die Mutter. Er ist weder groß noch klein, trägt keine Farbe und hat auch keine Form, weil alle Farben und Formen aus ihm kommen. ABWUN ist nicht so oder anders, nicht dies oder das. *Er Ist.* Statt Vater zu sagen, könnten wir ABWUN auch gut mit *Mutter* übersetzen. Oder mit *Vater-Mutter-Kosmos.* Das sind nur Worte. Und ABWUN weiß um ihre Begrenztheit. Aber das Sein, das unseren Gedanken und Worten, unseren Wahrnehmungen und Gefühlen, allem Erleben überhaupt zugrunde liegt, dieses Sein ist grenzenlos. Und im Leben aller Wesen erfährt ABWUN sich selbst.

ABWUN ist das ursprünglich-kreative Schöpfungsprinzip, jenes unsagbare Potenzial, aus dem alles ausfließt, was ist, und in das hinein sich wieder ergießt, was in die Auflösung geht. Laotse, der 500 Jahre vor Yeshua lebte, nannte es TAO. Und obwohl er es benannte (wie sonst sollte er auch etwas darüber aussagen können?), betonte er mit Nachdruck, dass es namenlos ist. Die Ewigkeit kennt keinen Namen. Doch wir, die wir uns immer wieder so klein und schwach fühlen, begrenzt und endlich, wir brauchen etwas – einen Namen, einen Klang, ein Wort oder ein Bild, an das wir uns wenden können, das wir zu halten und umarmen vermögen – eine Idee, die für das Unsagbare steht und uns hilft, uns *anzunähern,* es liebend zu be-*greifen.*

In Indien nennt man dieses Namenlose BRAHMAN. Das bedeutet *das Größte.* Seine Kraft durchdringt als Vibration (oder *Spandan*) das ganze All – als Klang und Licht, den die alten Weisen in den Tiefen ihrer Meditation gehört und gesehen haben. Das Höchste, so überliefern sie, erklingt als AUM in jedem Partikel des Kosmos. Auch in uns. ABWUN oder AUM – wie nahe doch beides beieinanderliegt. Nicht nur im Klang, sondern auch im Blick auf die Ideen, die sie verkörpern:

Das A steht für den Ur-Anfang der Schöpfung. »Aller Anfang ist schwer«, sagt ein bekanntes Sprichwort. Geburten, das wissen wir nur zu gut, tragen Bemühung in sich. Für diese Bemühung, mit der das Leben in die äußere Existenz geht – in individueller Form und zeitlicher Befristung –, steht der Klang BW.

Nach der Geburt dann entfaltet sich das Sein. Es dehnt sich aus, entwickelt sich, gelangt zur Blüte. Das U also repräsentiert das Werden, die Zeit in der Manifestation und die ganze Verwirrung, die die Wesen darin erleben: das Spiel aus Freud und Leid. Es ist irgendwie traumgleich. Das U in AUM steht daher auch genau dafür: den Bewusstseinszustand des Träumens.

Alles erreicht schließlich seinen Zenit. Dann geht es in die Auflösung. Das ist das N, der Ausklang in ABWUN, oder das M in AUM. Vibrierender Abschluss. Klingende Stille. Die Leere, die Fülle ist und Frieden. ABWUN oder AUM: Sie stehen für die Ganzheit der Schöpfung und für die Lebensenergie, die sie durchflutet, den *Heiligen Geist*. Yeshua nannte ihn *Ruha d'Qudsha*, das bedeutet soviel wie *heiliger Atem*.

ABWUN oder AUM, das sind auch wir selbst in Geburt, Wachstum und Tod, dem Ablegen des Gefährts, zu dem wir *Körper* sagen. Yeshua nannte den Körper auch Gefäß oder Krug. Nur wenn sie leer sind, kann die Essenz in sie fließen.

Praxis: Atmen mit ABWUN

Zur mystischen Tradition des Mittleren Ostens gehörte schon immer die Verbindung von Klang und Atem. Es ist eine wunderbare Übung, den Klang ABWUN mit unserem Atem in Meditation zu verbinden:

- Setzen Sie sich bequem hin und schließen Sie die Augen.
- Beobachten Sie eine Minute lang den Atem. Erlauben Sie ihm, so zu sein, wie er ist. Er ist ein Geschenk ABWUNs, jener Schöpferkraft, die den Kosmos durchflutet. Er verlangt nichts von uns und nimmt uns alle an, genauso wie wir sind.
- Wenn Sie ein wenig zur Ruhe gekommen sind, verbinden Sie Ihre Atmung mit dem Klang: Sie atmen ein und intonieren innerlich AAAAAAA. Bei der Ausatmung sagen Sie innerlich BWUUUUUUNNNN. Das B und das W verschmelzen dabei weich, kaum wahrnehmbar. ABWUN wird zu einem sanften Fließen. Jede Einatmung eine Neugeburt, eine neue Chance. Jede Ausatmung ein Loslassen, Entspannen … Heimkommen …
- Machen Sie diese Atemmeditation mit ABWUN, solange Sie sich wohlfühlen damit. Zum Abschluss öffnen Sie achtsam die Augen und blicken sich um – als würden Sie die Welt zum ersten Mal sehen, mit den Augen eines Kindes.

Das Himmelreich liegt in uns selbst, sagt Yeshua, ausgebreitet über die Erde. Es ist da – ob wir es wahrhaben wollen oder nicht. Niemanden brauchen wir, der uns autorisiert, uns bewusst damit zu verbinden, keinen, der uns erlaubt, unsere Einheit mit IHM zu erleben. ABWUN selbst hat uns ermächtigt.

Ich bin mehr als mein Körper

Der Lehrer im Gespräch mit seinen Schülern

7

Ich bin mehr als mein Körper

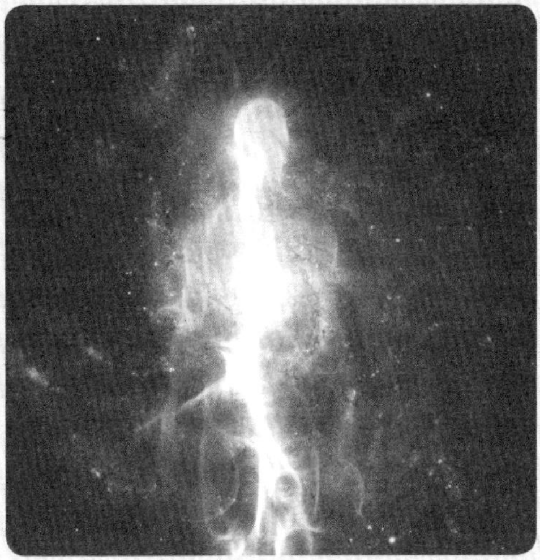

Wenn schließlich die Loslösung vom Körper erfolgt, erlangt das nun vom Körper getrennte innere Licht die sichere und endgültige Befreiung.

Sankhya Karika, indische Weisheitsschrift, 400 n. Chr.

Über die außerkörperliche Erfahrung

> »Ich habe vergessen, was ich wirklich bin,
> denn ich habe meinen Körper für mich selbst gehalten.
> Doch ich bin kein Körper.«
>
> A Course in Miracles (1975)

Vom Wissen und Glauben

Was die Geschichte vom ungläubigen Toma im Thomas-Evangelium uns lehrt, ist dies: Glauben ist nicht Wissen. Toma musste seine Finger erst selbst in die Wunde legen, bevor er davon überzeugt war, das Yeshua den Tod überlebt hatte. Darauf zu vertrauen, zu hoffen oder zu glauben, dass unser Leben nicht ausschließlich körperlicher Natur ist – dass es also ein Sein gibt, das über unsere nackte physische Existenz hinausweist –, ist etwas völlig anderes, als einen *existenziellen Beweis auf der Grundlage persönlicher Erfahrung* zu erlangen. Von solcher Art Wissen aber sprechen zahllose Schriften der Menschheit, wenn sie den Weg zur Selbsterkenntnis beschreiben.

Einiges nun, was ich selbst auf der Suche nach der Unsterblichkeit für mich herausgefunden – das heißt: *erlebt* – habe, will ich hier mit Ihnen teilen. Ich bin dabei Wissenschaftler genug, um zu wissen, dass ich nicht in einem *intersubjektiven* Sinn beweisen kann, worüber ich schreibe, so wenig wie ich beweisen könnte, was ich letzte Nacht geträumt habe. Von unseren Träumen und Gedanken können wir ja keine Fotos machen, sie sind *nicht-körperlich* und bleiben damit zwangsläufig im *subjektiven Raum* (oder im *inneren Raum*, wie wir unseren Geist aus der Perspektive des Yoga genannt haben). Dennoch aber bezweifelt kein Mensch auf der Welt, dass wir träumen, einfach deshalb, weil wir alle es tun. Ein kleines Gedankenexperiment an dieser Stelle:

Stellen Sie sich vor, Sie wären einer von nur ganz wenigen Menschen auf der Welt, die sich an ihre Träume erinnern können. Wie meinen Sie, würde die Mehrheit der Nicht-Träumer wohl reagieren, wenn Sie von Ihren nächtlichen Abenteuern berichten würden, frei von den Begrenzungen der Wachwirklichkeit und nach völlig anderen Regeln spielend? Würde man Ihnen nicht dies entgegenhalten: »Das ist unwissenschaftlicher Unsinn! Kannst du es beweisen?« Natürlich könnten Sie das nicht. Dies nicht etwa, weil es nicht wahr wäre, dass Sie träumen, sondern weil die Natur des Traums es nicht zulässt, sie mit anderen intersubjektiv zu teilen. Sie können kein Video davon aufzeichnen, noch nicht einmal Zeugen beibringen. Das Wesen der Traumerfahrungen ist subjektiv und damit mit der Methode der Wissenschaft nicht nachweisbar, also *unwissenschaftlich.*[36] Dies aber ist keinesfalls zu verwechseln mit *unwirklich.*

Um Erfahrungen dieser Art nun soll es im Folgenden gehen, genauer: um das Erlebnis, sich selbst außerhalb und getrennt von seinem physischen Körper zu erfahren, in totaler Klarheit und Präsenz, mit scharfen Sinnen und funktionierendem Verstand, mit der Fähigkeit, Entscheidungen zu treffen und intensive Emotionen zu erleben und frei von den üblichen physischen Begrenzungen Dinge zu tun, die uns sonst unmöglich sind. Nach über einhundert solcher Erfahrungen weiß ich dies von mir zu sagen (und die vielen Menschen, die Ähnliches erlebt haben, würden Ähnliches darüber aussagen): Der Tod ist eine Illusion. Wir sind unsterblich. Jeder kann sich persönlich davon überzeugen. Es ist dies ein faszinierender Schritt auf dem universellen Weg, hin zu einem größeren Begriff von uns selbst.

Das erste Mal

Der Durchbruch geschah eines nachts im Dezember 2010, etwa um 4:30 Uhr. Ich weiß es auf den Tag genau, war es doch der Geburtstag meines Vaters. Spät abends noch arbeitete ich an einer Übertragung und Kommentierung eines uralten indischen Weisheitstextes, über den ich in diesem Buch schon mehrfach gesprochen habe, Patanjalis *Yogasutra*. Ein Kapitel darin handelt von ungewöhnlichen Erfahrungen, die man auf dem meditativen oder inneren Weg machen kann, Erfahrungen, die wir im Kontext unserer modernen Gesellschaft des Westens als *paranormal* bezeichnen würden. Das altgriechische Präfix *para* bedeutet *neben*, das Paranormale ist mithin jenes, was neben oder außerhalb einer (wie immer definierten) Norm zu stehen scheint, was dem Begriff natürlich eine gewisse Beliebigkeit verleiht, abhängig vom gerade gültigen Paradigma dessen, was eben eine Mehrheit für normal hält. (Auch hier also wieder: Das Paranormale ist kein Synonym für das Unwirkliche.)

> »Im Zustand, den man Mahavideha nennt,
> ›das große Sein ohne Körper‹,
> tritt das Bewusstsein aus dem Körper aus,
> nicht im Sinne einer bloßen Vorstellung,
> sondern wirklich.«
>
> Yogasutra (ca. 500 v. Chr.)

An einer Stelle in diesem geheimnisvollen dritten Kapitel seines Buches spricht Patanjali von einem Phänomen, dass er *Maha-Videha* nennt, das bedeutet in etwa: »Das großartige Erleben, ohne ein Körper zu sein« (*maha* = groß, *videha* = körperlos). Viele Jahre bereits interessierte mich dieses Thema, über das ich oft gelesen hatte, so in den Büchern von Robert Monroe, William Buhlman, Waldo Vieira, Bruce Moen oder Jane Roberts, um nur einige zu nennen.[37] Neben schlichtem Abenteurergeist gab es eine wichtige Motivation, mich dafür zu interessieren: die vielen Sterbenden, die ich gesehen hatte. 25 Jahre lang leitete ich eine Einrichtung für schwer pflegebedürftige Menschen, vor allem Demenzkranke. Wir betreuten und begleiteten sie bis zu jener Schwelle, die wir *Tod* nennen. Oft fragte ich mich, wenn nach manchmal längerem Ringen mit dem Atem in der letzten Phase des Lebens der letzte Ausatem geschah, wo jetzt wohl hingegangen sein könnte, was gerade noch diesem Körper sein Leben eingehaucht hatte. *Wohin gingen jetzt Atem, Leben, Geist?*

Das *Hinübergehen* ist nicht immer leicht. Nicht umsonst nennt man diesen Prozess im Yoga Tibets, darauf habe ich schon hingewiesen, den *schmerzhaften Bardo des Todes*. Ich wünschte mir damals wie heute, wie wohl jeder von uns, über diese Brücke eines Tages mit so wenig Leid wie nur möglich gehen zu dürfen. Am liebsten würde ich einst selbstbestimmt und aus eigener Kraft meinen physischen Körper verlassen können. Gedanken wie diese gingen mir immer wieder durch den Kopf, wenn ich jemanden sterben sah oder über den Tod nachdachte. Dieses Faktum des Todes: Jeden Tag ist es mir präsent. Nicht morbide, als eine mein Leben verdüsternde Tatsache, sondern als unvermeidliche Erfahrung, auf die alles zuläuft – jeder von uns muss einst gehen, das ist so ziemlich das Einzige, worauf wir uns absolut verlassen können.

Nun, im Studium des *Yogasutra* in dieser Winternacht 2010, stieß ich abermals auf diese Idee der außerkörperlichen Erfahrung. Wenn Patanjali das sagt, so dachte ich bei mir, dieser brillante Denker, Praktiker und Erforscher des *inneren Raums*, dann muss es möglich sein! Ich fasste den Entschluss, mich so lange reglos in Meditation hinzulegen und nicht mehr aufzustehen, bis ich wüsste, ob ich meinen physischen Körper verlassen kann, ob ich – mit den berühmten Worten des Bewusstseinsforschers Robert Monroe (1915–1995) ausgedrückt – mehr bin als mein physischer Körper. Gibt es ein Leben ohne Körper? So legte ich mich also hin und bewegte mich nicht mehr, fest entschlossen, herauszufinden, ob mir möglich ist, was so viele Menschen im Kontext von Nahtoderfahrungen beschrieben haben, nämlich den Körper zu verlassen und mich dennoch lebendig und gesund selbst zu erfahren.

Ich löse mich vom Körper

Ich lag auf dem Rücken. Keine Regung. Nicht einen kleinen Finger bewegte ich. Ich übte *Yoga Nidra*, eine yogische Tiefenentspannungsmethode, die in guten Momenten so weit führt, dass der Körper vollständig einschläft, nicht aber der Geist. Man ist hellwach im schlafenden Körper. Und ich sprach ein Mantra, das lautete: »Ich verlasse meinen Körper.« Immer wieder: »Ich verlasse meinen Körper. Ich bin außerkörperlich.« Stunden sollten vergehen. Immer wieder erlebte ich Momente der Angst. Sie ist überhaupt das größte Hindernis im Leben. Zahllose Chancen bremst sie aus, wenn wir ihr nachgeben. Ich begegnete meiner Angst mit den »Vier Unermesslichen«, die sowohl im *Yogasutra* als auch im Tibetischen Buddhismus eine große Bedeutung haben: Allen fühlenden Wesen Glück zu wünschen: Das half mir.

Nach Stunden des reglosen und wachbewussten Liegens setzten Phänomene ein, die nur schwierig zu beschreiben sind. Starke Energien erfassten meinen ganzen Körper, eine sich immer weiter intensivierende Vibration.[38] Sie war nicht physischer Natur, denn ich lag ja bewegungslos und sicher im Bett. Was hier vibrierte, war mein Energiekörper. Die Tatsache, dass ich mir vollkommen bewusst war, reglos, sicher, warm und beschützt in meinem Bett zu liegen, änderte weder etwas an meiner Wahrnehmung noch an meiner aufkommenden Angst. Zum Vibrieren kamen starke Geräusche in meinem Inneren, ein intensives Krachen und Brummen. Die Intensität dieser Phänomene und die sie begleitende Angst steigerten sich soweit, dass in mir dieser Gedanke aufkam:

> »Wenn ich weiter zulasse, was gerade geschieht,
> könnte dies meinen Tod bedeuten.«

Früher schon kam ich an diese Schwelle, die *außerkörperlich Reisende* den Vibrationszustand nennen. Immer wieder jedoch brach ich die Erfahrung ab. Diesmal jedoch nicht. Zu groß war meine Neugier, mein Wollen, mein Sehnen. Ich hatte nun diesen einen Gedanken, der alles veränderte:

> »Wenn es notwendig ist, zu sterben, um herauszufinden,
> ob es ein Sein ohne Körper gibt, ein Leben nach dem Tod,
> dann bin ich bereit, jetzt zu sterben.«

Etwas Wichtiges unterstützte diesen Gedanken: Mein Leben nach all den Jahren von Stress und Druck im staatlich gesteuerten Gesundheitswesen erschien mir nicht mehr sonderlich lebenswert. Immer wieder gab es diese Momente, in denen ich mir gewünscht hatte, dass alles einfach enden möge. Licht aus, Stille, Frieden. Ja, es war neben Abenteuergeist, Forscherdrang und Sehnen nach einer spirituellen Dimension des Seins auch etwas von Flucht in mir, Flucht vor dem Leben. Freilich hätte ich nie gewagt, Hand an mich zu legen, doch dies hier war etwas ganz anderes.

Wenn es sein muss, dass ich sterbe, um herauszufinden, ob es ein Leben ohne Körper gibt, Bewusstsein ohne physischen Träger, dann – so sagte ich mir also innerlich – willige ich in mein Sterben ein. Im selben Moment, da dieser Gedanke präsent war – diese totale Bereitschaft zu sterben inmitten der Intensität und Angst –, da nun geschah es: Ich trat in einer euphorischen Erfahrung zum ersten Mal bewusst aus meinem physischen Körper aus. Mein nicht-physischer Oberkörper löste sich vom physischen. Man sieht an diesem ersten Moment der Erfahrung schon, dass es mit den Worten nicht mehr so gut funktioniert, weil unsere Sprache dafür keine Worte bereithält ... Was ist ein *nicht-physischer Körper?* Viele Kulturen kennen das Phänomen, uralte Schriften sprechen davon. Robert Monroe nannte ihn den *zweiten Körper*, die westliche Esoterik spricht vom *Astralkörper*, die Yogaphilosophie, wie wir gesehen haben, von *Koshas* oder Hüllen. Mit diesem meinem zweiten Körper also trat ich aus dem ersten aus. Ich blickte herab auf meinen unter mir liegenden physischen Körper, der schlafend dalag, eingetaucht in graublaues Licht. Und ich freute mich.

»Es ist wahr! Ich bin mehr als physischer Körper!«

Ich kann die Freude, die ich in jenem Moment empfand, nicht in Worten ausdrücken. Euphorie oder Ekstase kommen dem wohl am nächsten.[39] Die Loslösung vom Körper war indes nicht vollständig gelungen: Ich bemerkte, dass ich von der Hüfte abwärts weiter im physischen Körper »feststeckte«. Ich wollte mich ganz lösen, vermochte es aber noch nicht. Mein physischer Körper stöhnte bei diesem Versuch, als würde ihm dies Schmerzen bereiten. Was für eine seltsame Erfahrung: Mein physischer Körper empfand Schmerz, doch *ich* war frei davon ... Die Zeit für eine vollständige Ablösung war offensichtlich noch nicht gekommen. Ich ließ mich zurücksinken in meinen physischen Körper und dokumentierte meine Erfahrung.

Die Jahre danach

In den folgenden Jahren sollte ich noch viele Male außerkörperlich sein. Immer sanfter glitt ich, zumeist am frühen Morgen, aus meinem Körper. Der Vibrationszustand war kurz und angenehm. Zuvor nahm ich häufig wachbewusst wahr, wie mein Körper einschlief und die Schlafparalyse einsetzte, die Lähmung des Körpers, wie sie auch eintritt, wenn wir zu träumen beginnen.[40] Ich führte kleine Experimente durch: Funktionieren meine Sinne im außerkörperlichen Zustand? Wie kann ich mich bewegen? Wie schön ist doch das Fliegen – dieses unglaubliche Gefühl, frei zu sein von der Schwerkraft! Das Licht, das ich »dort draußen« sah, außerhalb meines Körpers, ist unbeschreiblich in seiner Wärme und Anziehungskraft. Selbst die schönsten Sommertage der physischen Wachwirklichkeit sind im Vergleich dazu ein schwacher Abglanz.

Wie kann ich wissen, dass ich nicht nur träumte? Da würde ich die Gegenfrage stellen: Wie können Sie, da Sie diesen Artikel gerade lesen, wissen, dass Sie *nicht* träumen? Es ist, so meine ich, schlicht die *Qualität der Erfahrung*, die Sie unbezweifelbar wissen lässt, dass Sie in diesem Moment wach sind, dass Sie also *wirklich* erleben, was gerade passiert. Zugleich will ich sagen, dass auch Ideen wie *Wachheit* oder *Realität* nur schwer greifbare Konzepte angesichts solcher Erfahrungen sind. Eigentlich fangen an dieser Stelle die Fragen erst an. Wenn ich in meinen Workshops über dieses Thema spreche, beginnen meist spannende Gespräche, und auch andere Menschen fassen das Herz, mitzuteilen, was sie erlebt haben. So viele gibt es, die Erfahrungen machen, die auf den Kopf zu stellen scheinen, was man uns beigebracht hat und womit wir doch allein bleiben. Da ging es mir anfangs nicht anders: Als ich von meinen Erlebnissen das erste Mal einem Freund erzählte, reagierte er mit Schweigen. Kein Wort. Das tat weh. Ich meine, dass es uns auch entfremdete: Wenn wir etwas erleben, was für uns von fundamentaler Bedeutung ist, Dinge, die etwas grundlegend *verändern*, dies aber nicht mit uns vertrauten Menschen teilen können, weil Sie uns nicht annehmen in dieser veränderten Sicht auf die Wirklichkeit, dann entfernen wir uns voneinander.

Annahmen, Paradigmen und Weltbilder

Berichten wir von Erfahrungen, die sich nicht ohne Weiteres in den Rahmen des vorherrschenden Weltbildes einfügen lassen, sollten wir nicht naiv davon ausgehen, Wohlwollen zu ernten. Soll das gültige Weltbild aufrechterhalten werden, muss man solche Berichte von paranormalen Ereignissen in Frage stellen. Berühmte Wissenschaftler wie der Biologe Rupert Sheldrake oder Stanislav Grof beschreiben und kritisieren in ihren Büchern immer wieder die Vehemenz, mit der die akademische Wissenschaft ignoriert und sogar bekämpft, was sich nicht in ihren Denkrahmen einordnen lässt.[41]

Dazu gehören Annahmen wie diese – und ich spreche hier ganz bewusst von *Annahmen*, denn nicht mehr als das sind sie, unbewiesene Annahmen, Paradigmen oder Weltbilder. Alles, was existiert, habe eine physikalische Grundlage. Leben sei gleichbedeutend mit Leben als physischem Körper. Auch Geist entspringe dem Physischen. Die Desintegration des physischen Körpers, der Tod, bedeute das Ende des Bewusstseins. Alles das sind, um es nochmals zu betonen, unbewiesene Annahmen. Das stetige Wiederholen macht sie nicht wissenschaftlicher oder wahrer.

Wenn ich eines für mich weiß, unbezweifelbar in seiner Erkenntnisqualität, die der Natur der Sache nach selbstredend nicht anders als subjektiv sein kann, wenn ich also eines für mich sicher weiß und sagen kann, dann dieses:

> Ich weiß, dass ich unsterblich bin.
> Ich weiß, dass auch Sie unsterblich sind.
> Der Tod ist eine Illusion.

Ja, dass der Tod die absolute Auslöschung unserer Existenz sei, ist nur eine Annahme. Und jeder kann das für sich selbst überprüfen. Leben braucht keinen Körper, um sich auszudrücken. Sich selbst ohne Körper zu erfahren, nannte der kanadische Bewusstseinsforscher William Buhlman einmal das letzte große Abenteuer der Menschheit.

Ich will hier noch einen abschließenden Gedanken festhalten. Wenn der Tod nicht existiert, bringt das große Verantwortung für unser gegenwärtiges Sein mit sich. Was immer wir denken, sagen oder tun: es ist dies unser Gepäck, das wir mit *hinüber* nehmen. Nichts sonst bleibt uns. Was immer wir hier auf Erden festzuhalten und zu stabilisieren versuchen – Körper, Vermögen, Status und so weiter –, wir werden es einst loslassen müssen. Vielleicht schon morgen. Doch jede Erfahrung, die wir machen, jeder Gedanke und jedes Gefühl, jede Handlung und die Konsequenzen daraus, alles das ist unser *wirkliches Hab und Gut*, das entscheidend sein wird, wenn wir in den Bardo des Todes gehen. Wir werden erleben, womit unser Geist in Resonanz ist. Deshalb ist es so wichtig, sich hier und jetzt, im täglichen Leben, auf die guten Dinge auszurichten, ganz so wie Krishna es seinem Schüler Arjuna in der *Bhagavad Gita* lehrt. Erkenne, dass du unsterblich bist, und richte dich aus auf das Höchste.

Dies also, so meine ich, ist unser aller Dharma, das Universelle, dass es zu erkennen gilt. Dass wir mehr sind als der Körper, mehr sogar als unser individueller Geist. Die außerkörperliche Erfahrung mag nur ein kleiner Schritt auf einem langen Weg von Selbsterkenntnis sein. Dafür haben wir, nach irdischen Maßstäben bemessen, Zeit – sehr viel Zeit, denn der Kosmos hat einen langen Atem.

Nachwort

Als Martin Büttner mich fragte, ob ich nicht Lust hätte, ein Buch für den Via Nova Verlag zu schreiben, kam mir die Idee, die vielen Beiträge, die ich über die Jahre zu verschiedensten Themen der Philosophie und Praxis des Yoga verfasst hatte, zu einem Buch zu verweben. Bei der Durchsicht des Materials, das den klassischen Yoga und dessen Botschaften aus unterschiedlichsten Facetten beleuchtet, wurde mir klar, dass im Kern alle Beiträge eine Berührung zu den Themen Tod und Unsterblichkeit haben, zudem aufs Engste verknüpft sind mit der Frage, wer oder was wir aus einer spirituellen Perspektive essenziell sind.

So bin ich Martin Büttner nun herzlich dankbar dafür, dieses Buch in seinem Verlag veröffentlichen zu dürfen, um den Texten ein dauerhaftes Zuhause zu geben, umfassend bearbeitet, erweitert und thematisch strukturiert. Danken möchte ich auch Josef K. Pöllath für sein umsichtiges Lektorat sowie allen Kolleginnen und Kollegen des Via Nova Verlages: Jedes Buch ist das Ergebnis der Arbeit nicht nur eines einzigen Menschen.

Besonders danken möchte ich natürlich meiner lieben Frau Nella. Ich bin glücklich, sie an meiner Seite zu wissen, mein Leben und meine Gedanken mit ihr teilen zu dürfen.

Schließlich, liebe Leserinnen und Leser, danke ich Ihnen dafür, dieses Buch in Händen zu halten, denn es wurde für Sie geschrieben.

Ralph Skuban
Bichl, im Dezember 2021

Anhang

Glossar

Abhimana
Selbstbehauptungswille, Überlebenswille

Abhinivesha
Festhalten am physischen Dasein, Angst vor dem Tod

Ahamkara
Wörtlich: *Ich-Macher*; Ego

Ajna-Chakra
Energiezentrum im Augenbrauenzentrum

Akarma
Nicht-Handeln

Anahata-Chakra
Energiezentrum im Herzen

Ananda
Glückseligkeit

Anandamaya-Kosha
Wörtlich: *Glückseligkeitskörper*, innerste *Hülle* unseres Wesens

Annamaya-Kosha
Physischer Körper, äußere *Hülle* unseres Wesens

Apana-Vayu
Energie, die die Ausatmung bewirkt

Asana
Körperhaltung im Yoga; Meditationshaltung

Atman
Spirituelle Essenz; Synonym für *Purusha*

Avidya
Wörtlich: *Nicht-Sehen*; spirituelle Blindheit, nicht wissen, wer oder was wir essenziell sind

Bandha
Muskelaktion im Pranayama

Bhakti
Hingabe, Liebe

Bhoga
Spaß, Genuss

Bhramari
Pranayama-Übung

Buddhi
Höhere Instanz des menschlichen Geistes; Eigenschaften wie Intelligenz, Weisheit, Güte, Mut u.a.

Chakras
Energiezentren

Chitta
Geist

Dharana
Konzentration

Dharma
Weg, Wahrheit, kosmische Wirklichkeit

Dhukha
Leid

Dhyana
Meditation

Dvesha
Nicht haben wollen, ablehnen

Gunas
Grundbausteine der Wirklichkeit (Tamas, Rajas, Sattva)

Ida-Nadi
Wichtiger Strom von Lebensenergie im linken Bereich des Körpers

Jalandhara-Bandha
Aktion im Pranayama (Senken des Kopfes während der Atempause)

Jiva-Mukti
Befreite Seele; jemand, der spirituelle Selbstverwirklichung erlangt hat, noch während er in einem physischen Körper lebt

Jnana
Weisheit, spirituelle Erkenntnis

Jnanendriyas
Sinnesorgane

Karma
Handlungen und ihre Folgen

Kaivalya
Vollständige spirituelle Befreiung

Kosha
Hülle; Aspekte unseres Wesens, die die spirituelle Essenz überlagern

Kumbhaka
Atempause im Pranayama

Kurukshetra
Das Schlachtfeld der Bhagavad Gita; Metapher für unseren Geist

Manas
Äußerer Aspekt des Geistes (Wahrnehmungen, Reflexe, Instinkte, Gedanken, Gefühle)

Manipura-Chakra
Energiezentrum im Bereich des Nabels

Manomaya-Kosha
Emotionalkörper; eine der Verhüllungen der spirituellen Essenz

Moksha
Befreiung

Mulabandha
Muskelaktion im Pranayama

Muladhara-Chakra
Wurzelchakra, Energiezentrum

Nadi
Fluss; Weg, auf dem sich Prana bewegt

Nadi-Shodana
Nasenwechselatmung, Übung im Pranayama

Parinama
Wandel, Veränderung

Pingala-Nadi
Wichtiger Strom von Lebensenergie im linken Bereich des Körpers

Prajna
Weisheit, Wissen; auch Bezeichnung für den traumlosen Tiefschlaf

Prakriti
Natur, Schöpfung

Prana
Atem, Lebensenergie

Prana-Vayu
Kraft, die die Einatmung bewirkt

Pranayama
Atempraxis des Yoga

Preya
Das Angenehme

Purusha
Spirituelle Essenz; Synonym für *Atman*

Raga
Habenwollen, Begehren

Rajas
Aktivität, Umtriebigkeit, Unruhe, Leidenschaft, Schmerz

Raja Yoga
Wörtlich: *Königsweg des Yoga*; Synonym für den Yoga Patanjalis

Rishi
Weise(r)

Ritambhra Prajna
Wirkliches Wissen; ein Wissen, das falsche Annahmen über die Natur der Wirklichkeit auf der Grundlage eigener Erfahrung ersetzt

Ruha
Aramäisch: Atem, Geist, Leben

Sadharana
Ich-Fixiertheit; tamasische Form der Liebe

Sahasrara-Chakra
Kronenchakra

Samadhi
Meditative Gipfelerfahrung; Synonym für *Samapatti*

Samana-Vayu
Kraft, die die Assimilation von Energie bewirkt

Samanjasa
Bedingte Liebe, rajasische Form der Liebe

Samapatti
Wörtlich: *Das Zusammenfallen*; Synonym für *Samadhi,* die Gipfelerfahrung des Yoga

Samavritti
Wörtlich: *Gleichbleibende Aktivität*; im Pranayama: gleiche Dauer von Ein- und Ausatmung

Samartha
Sattvische Form der Liebe

Samsara
Kreislauf aus Geborenwerden, Leben, Sterben und Wiedergeborenwerden

Sankhya
Eines der klassischen spirituell-philosophischen Systeme Indiens; Grundlage des Yoga

Sattva
Reinheit, Klarheit, Güte

Shreya
Das Gute

Shruti
Wörtlich: *Gehört*; Synonym für die Upanishaden, Indiens älteste und autoritativste Schriften, die *göttlichem* Geist entsprungen sind; Weisheiten, die in Meditation erlangt werden

Smriti
Wörtlich: *Erinnert*; Texte, die menschlichem Geist entsprungen sind

Spandan
Ursprüngliche Vibration; Schwingung, die die Schöpfung in Gang setzt

Svadharma
Persönliches Dharma, Lebensweg

Sushumna
Zentralkanal; Energiekanal, der durch die zentrale Achse der Wirbelsäule verläuft

Svadhistana-Chakra
Sexualchakra

Taijasa
Traumzustand

Tamas
Dunkel, düster, negativ, schwer; Synonym für → Avidya, spirituelle Blindheit

Tapas
Hitze, Disziplin, Bemühung; schmerzhafte Erfahrungen oder Prüfungen des Lebens

Turiya
Bewusstseinszustand jenseits von Wachheit, Träumen und Tiefschlaf; Synonym für Samadhi oder den höchsten Bewusstseinszustand des Yoga

Uddiyana-Banda
Muskelaktion im Pranayama

Upanishaden
Älteste Weisheitstexte Indiens

Uparaga
Spiegelung der äußeren Wirklichkeit auf dem Feld des Geistes; mentale Rekonstruktion der Eindrücke, die die Sinnesorgane erreichen

Vaishvanara
Wachzustand

Vayu
Wörtlich: *Wind*; spezifische Bereiche und Funktionen von Prana im menschlichen Körper (siehe auch → Prana-Vayu, Apana-Vayu, Samana-Vayu)

Vedanta
Der Schluss der Veden; mystischer Teil der → *Upanishaden*

Vibhuti
Übersinnliche oder paranormale Fähigkeiten

Vijnanamaya-Kosha
Weisheitskörper, eine der inneren *Hüllen* des Menschen

Vishudda-Chakra
Hals- oder Kehlkopfchakra

Viveka
Unterscheidendes Gewahrsein; Fähigkeit, zwischen Wirklichkeit und Illusion im spirituellen Sinne zu unterscheiden

Yama
Wörtlich: begrenzen, einhegen; Kontrolle; ethische Gebote; Gott des Todes

Literatur

Apelt, Otto: Platon. Sämtliche Dialoge. Band II. Herausgegeben im Felix Meiner Verlag. Leipzig 1923 (unveränderter Nachdruck 1998)

Buhlman, William: Adventures in the Afterlife. Millsboro 2013

Calasso, Roberto: Die Glut. Mailand 2012

Easwaran, Eknath: The Upanishads. Tomales 2007

Grof, Stanislav: Healing Our Deepest Wounds. The Holotropic Paradigm Shift. 2012

Keane, Colm: Heading for the Light. The 10 Things that Happen When You Die. Capel Island 2014

Lipton, Bruce: Intelligente Zellen. Wie Erfahrungen unsere Gene steuern. Burgrain 2007

Malhorta, Rajiv: Beiing Different. An Indian Challenge to Western Universalism. HarperCollins Publishers India 2011

Moen, Bruce: Voyages into the Unknown. Charlottesville 1997

Monroe, Robert: Ultimate Journey. New York 1994

Platon: Phaidon oder über die Unsterblichkeit der Seele. Übersetzt und herausgegeben von Otto Apelt. Leipzig 1923

Prabhavananda, Swami/Manchester, Frederick: The Upanishads. Breath of the Eternal. Hollywood 1948

Rama, Swami: OM, the Eternal Witness. The Secrets of the Mandukya Upanishad. Uttarakhand 2007

Roberts, Jane: Seth, Dreams and Projections of Consciousness. New Awareness Network. 1998

Roberts, Jane: Seth Speaks. The Eternal Validity of the Soul. Amber-Allen Publisher. New World Library 1994

Satyananda Saraswati, Swami: Nine Principal Upanishads. Bihar 1975

Shri Shankaracharya: Das Herz des Vedanta. Zusammenfassung der Kerngedanken sämtlicher Upanishaden. Herausgegeben von Emanuel Meyer. Argenbühl 2003

Sheldrake, Rupert: Der Wissenschaftswahn. Warum der Materialismus ausgedient hat. München 2015

Silesius, Angelus (Johannes Scheffler): Cherubinischer Wandersmann. Kritische Ausgabe. Herausgegeben von Louise Gnädinger. Stuttgart 1984

Skuban, Ralph: Patanjalis Yogasutra. Der Königsweg zu einem weisen Leben. München 2011

Skuban, Ralph: Yoga Nidra. Tiefenentspannung und geistige Klarheit. München 2012

Skuban, Ralph: »In diesem Gefäß erklingt das Ewige«: Kabirs Yoga des Glücks. Poetische Texte des großen indischen Mystikers. Petersberg 2013

Skuban, Ralph: Die Bhagavad Gita. Das Weisheitsbuch fürs 21. Jahrhundert. München 2013

Skuban, Ralph: Du bist unsterblich, sagt der Tod. Der Schlüsseltext der Upanishaden zur Vergänglichkeit. München 2016

Skuban, Ralph: Die Buteyko-Methode. Wie wir unsere Atmung verbessern für mehr Gesundheit und Leistungsfähigkeit im Alltag, Beruf, Yoga und Sport. Amerang 2020

Skuban, Ralph: Die Psychologie des Yoga. München 2021

Skuban, Ralph: Atmen heilt – entspannt – zentriert. München 2022

Terzani, Falco: Das Ende ist mein Anfang. Ein Vater, ein Sohn und die große Reise des Lebens. Penguin 2017

Vieira, Valdo: Projections of the Consciousness. A Diary of Out-of-Body Experiences. New York 2007

Zitate

Jesus sagte: Ich werde euch geben,
was kein Auge je gesehen und kein Ohr je gehört hat,
was keine Hand je berührt hat und noch nie
in eines Menschen Herz gedrungen ist.

Jesus, Thomas-Evangelium

Alle Träume enden im tiefen Schlaf,
der tiefe Schlaf endet in Samadhi.

Yoga Vasistha, 11. Jh.

Für den Weisen gibt es kein Ich und keine Welt.
Seine Sicht der Welt ist unbeschreiblich wundervoll.

Yoga Vasistha, 11. Jh.

Der ganze Schatz liegt in dir selbst.

Jiddu Krishnamurti, Weisheitslehrer

Jedes beliebige Licht vertreibt in einem Augenblick
die Dunkelheit ganzer Zeitalter.

Mahamudra, buddhistische Schrift

Im Wandel liegt die Essenz und Einheit der Dinge.

Yogasutra

OM. Erfüllt von Brahman sind die Dinge, die wir sehen.
Erfüllt von Brahman sind die Dinge, die wir nicht sehen.
Aus Brahman fließt alles aus, was ist.

Brihadaranyaka-Upanishad

Möge Stille sich auf meine Glieder senken,
auf mein Sprechen und meinen Atem,
auf meine Ohren und meine Augen.
Mögen alle Sinne klar und scharf werden.
Möge ich niemals Gott verneinen noch Gott mich.
Ich mit Ihm und Er mit mir –
So mögen wir immer zusammenstehen.

Kena Upanishad

Du bist unvergänglich.
Du bist die ewige Wirklichkeit.
Du bist die Quelle des Lebens.

Chandogya-Upanishad

Anmerkungen

1 Gemeint ist das Lied der Schöpfung, *Nasadiya*, im *Rigveda*, dem ältesten Teil der Veden (circa 2000 - 1000 v. Chr.)

2 Viele Begriffe der Sanskrit-Sprache lassen sich nicht wirklich treffend in unsere Sprache übersetzen, sie sind »non-translatable categories«, wie der indische Autor Rajiv Malhorta (2001) es ausdrückt. Brahman mit *Gott* zu übersetzen greift deshalb zu kurz, denn es ist keine konkrete Gottesvorstellung damit verbunden. Brahman entzieht sich jeder Kategorisierung, weil jede Eigenschaft, die wir ihm zuschreiben würden, zu einer Eingrenzung führen würde: Nennen wir das Absolute *groß*, kann es nicht zugleich *klein* sein, nennen wir es *gut*, kann es nicht auch *böse* sein. Doch das Absolute muss, will es absolut sein, alles das einschließen und es in seiner Widersprüchlichkeit zugleich überschreiten. Genau dies erkennt Arjuna in seiner Gotteserfahrung (*Bhagavad Gita*, Kapitel 11)

3 Hatha Yoga Pradipika

4 Die Upanischaden sind Teil der ältesten Textsammlungen des indischen Schrifttums, der Veden also. Sie entfalten die mystischen und philosophischen Grundlagen, die die später unterschiedlichen spirituellen Strömungen Indiens inspiriert haben

5 Zitiert in: Skuban 2013

6 Yogasutra, Kapitel 2

7 Yogasutra, Kapitel 1

8 Yogasutra, Kapitel 1

9 Yogasutra, Kapitel 3

10 Lipton 2007

11 *Ritambhara Prajna* (Yogasutra, Kapitel 1)

12 Yogasutra, Kapitel 4

13 Das Sanskritwort aus der Sankhya-Philosophie lautet *uparaga*

14 Calasso 2012

15 Das Wort Mystik kommt vom griechischen *myein* und bedeutet »die Augen schließen«

16 Katha Upanishad, alle Zitate aus Skuban 2016

17 Genauer: Die beiden Akteure des autonomen Nervensystems (ANS), Sympathikus und Parasympathikus, werden durch kohärentes Atmen in ihrer Aktivität ausbalanciert. Die sympathischen Strukturen des ANS sind für aktivierende Prozesse verantwortlich, während die parasympathischen für Entspannung, Regeneration und Heilung zuständig sind.

Wir brauchen beides gleichermaßen, jedoch ist oft stressbedingt der parasympathische Zweig des ANS geschwächt (vgl. Skuban 2022)

18 Wissenschaftlich ausgedrückt: Kohärentes Atmen führt zu einer höheren Herzratenvariabilität (HRV). Gesunde Herzen schlagen nicht wie Metronome, sondern variieren von Schlag zu Schlag. Dies ist ein Ausdruck guter Regenerationsfähigkeit des Nervensystems. Zu diesem Thema existiert heute eine gute Forschungslage

19 Shri Shankaracharya: Das Herz des Vedanta. Zusammenfassung der Kerngedanken sämtlicher Upanishaden, herausgegeben von Emanuel Meyer. Argenbühl 2003

20 Dieser und die folgenden Verse der Mandukya Upanishad sind eigene, freie Übertragungen auf der Grundlage der englischsprachigen Ausgaben und Kommentare von Easwaran 2007, Swami Prabhavananda 1948, Swami Satyananda Saraswati 1975 und Swami Rama 2007 (vgl. auch Skuban 2012)

21 Yogasutra, Kapitel 1

22 Platon: Phaidon oder über die Unsterblichkeit der Seele: »Tritt also der Tod an den Menschen heran, so stirbt aller Wahrscheinlichkeit nach das Sterbliche an ihm hin, das Unsterbliche aber weicht dem Tode aus und eilt unversehrt und unvergänglich von dannen.« (Phaidon, 56. Kapitel, übersetzt von Otto Apelt 1923, S. 116)

23 Vgl. Ralph Skuban 2022

24 So z.B. in der *Prashna Upanishad*

25 So ein tibetischer Mönch auf einem Retreat in Spanien

26 Mit dem Thema der Chakras lassen sich Bibliotheken füllen, und es ist nicht meine Absicht, sie im Rahmen dieses Buches detailreich zu erörtern. Das ist an anderer Stelle ausführlich geschehen (vgl. Ralph Skuban 2014)

27 Skuban 2014

28 Auch dieser Abwärtssog hat einen Namen: *Apana Gati*

29 Dies ist der Gegenprozess zu Apana Gati, also *Prana Gati*

30 Für eine gesunde Atmung im Alltag siehe z.B. Ralph Skuban 2020

31 Nur nebenbei sei hier bemerkt, dass auf Krishnas Unterweisung in 18 Kapiteln ein Gemetzel von 18 Tagen folgt und die Zahl 18 sich genau sechsmal in die heilige Zahl 108 fügt, die Zahl der Perlen einer Gebetskette oder *Mala*

32 Terzani 2017

33 Zitiert in: Keane 2014

34 Diese und die weiteren Zitate dieses Kapitels aus: Skuban 2013

35 Vgl. hierzu die Schrift des christlichen Mystikers Johannes Scheffler, genannt Angelus Silesius, »der schlesische Engel«: Der Cherubinische Wandersmann (Gnädinger 1984)

36 Die Tatsache, dass die Traumphasen von einer bestimmten Frequenz objektiv messbarer elektrischer Hirnströme (die sogenannten Theta-Wellen) begleitet wird, ändert an dieser Aussage nichts: Wir können nicht sehen oder erleben, was der Träumer erlebt. Was wir auf dem EEG sehen können, sind nur Kurven, die elektrische Ströme repräsentieren

37 Roberts 1986, Monroe 1994, Moen 1997, Vieira 2007, Buhlman 2013

38 In der Literatur zu außerkörperlichen Erfahrungen nennt man dies den Vibrationszustand (*vibrational state*, siehe z.B. Buhlman 2013 oder Vierira 2007 u.v.a.)

39 Das Wort *Ekstase* kommt aus dem Lateinischen *ex* = heraus, und *stare* = stehen, sozusagen außerhalb seiner selbst stehen – so trifft es der Begriff doch im Wortsinn ganz gut

40 Die Schlafparalyse während des Traums schützt uns davor, die Traumerfahrung nicht in physische Aktionen zu übersetzen und dabei uns selbst oder andere zu gefährden

41 Sheldrake 2015, Grof 2012

Weitere Titel aus dem Verlag Via Nova:

„In diesem Gefäß erklingt das Ewige"

Kabirs Yoga des Glücks – Poetische Texte des großen indischen Mystikers

Ralph Skuban

Geschenkbuch, Hardcover, 144 Seiten, ISBN 978-3-86616-253-2

Kabir lebte im 15. Jahrhundert in Indien. Von Beruf war er Weber. Doch seine Berufung war es, als erleuchteter Weiser und verwirklichter Yogi die Herzen der Menschen zu berühren. In seinen poetischen Liedtexten bringt er zum Ausdruck, was sich in Worten eigentlich nicht sagen lässt: die mystische Erfahrung des inneren Lichts und die glückselige Einheit mit Gott. Seine Lieder schäumen über vor Leidenschaft, Wahrheit und Liebe. Kreativ und souverän spielt er mit den mystischen Symbolen des Hinduismus und des Islam und betont so das, was die spirituellen Wege verbindet, nicht das, was sie trennt. Und er wird nicht müde, auch uns, die wir ihm zuhören und seine Worte lesen, immer wieder aufzurufen, endlich aus dem Traum zu erwachen, uns auf den Weg zu machen.

Die heilende Kraft des Atmens

Sanftes Atmen – Tibetische Atemübungen – Pranayama

Ralph Skuban

CD-Box mit 3 CDs, Laufzeit: 184 Minuten, ISBN 978-3-86616-504-5

CD1: Sanftes Atmen
CD2: Tibetische Atemübungen
CD3: Pranayama

Pranayama – Heilendes Atmen nach der Tradition des Ostens

Einfache Atemübungen zur Entspannung

Ralph Skuban

CD – Laufzeit: 60 Minuten, ISBN 978-3-86616-509-0

Mit dieser CD haben Sie die einmalige Möglichkeit, das wahre Wesen der Atempraxis des Ostens zu entdecken und zu erlernen. Systematisch führt Sie der erfahrene Atemlehrer Ralph Skuban in die Welt klassischer Atemübungen ein – das Herz des Yoga Indiens, Chinas und Tibets. Alle Übungen widmen sich dabei der zentralen Idee, dass unser wahres und glückliches Wesen unter vielen Schichten körperlicher und emotionaler Anspannung verborgen ist. Atemzug für Atemzug können wir sie loslassen und uns von Ängsten, Schmerzen und Belastungen befreien. Diese Übungen führen uns zu tiefer Entspannung, innerer Ruhe und Ausgeglichenheit in schwierigen Zeiten. Was könnte heute wichtiger sein?